idées reçues

L'Afrique

*Je remercie les professeurs Yvette et Noël Duval,
pour leur aide précieuse.*

idées reçues

L'Afrique

Hélène d'Almeida-Topor

Histoire & Civilisations

Le Cavalier Bleu
EDITIONS

Hélène d'Almeida-Topor

Professeure émérite de l'université Paris I Panthéon-Sorbonne et membre du CEMAF (Centre d'études des mondes africains) CNRS/Paris I.

Du même auteur

– *Le Goût de l'étranger. Les saveurs venues d'ailleurs depuis la fin du* XVIII*e siècle*, Armand Colin, 2006
– *L'Afrique au* XX*e siècle*, Armand Colin, 2e éd. 2003
– *Naissance des États africains*, Casterman, 1996
– *Histoire économique du Dahomey/Bénin*, l'Harmattan, 1995, 2 volumes
– *L'Europe et l'Afrique. Un siècle d'échanges économiques*, Armand Colin, 1994 (en collab. avec Monique Lakroum)

La collection « Idées Reçues »

Les idées reçues sont tenaces. Nées du bon sens populaire ou de l'air du temps, elles figent en phrases caricaturales des opinions convenues. Sans dire leur origine, elles se répandent partout pour diffuser un « prêt-à-penser » collectif auquel il est difficile d'échapper…
Il ne s'agit pas ici d'établir un *Dictionnaire des idées reçues* contemporain, ni de s'insurger systématiquement contre les clichés et les « on-dit ». En les prenant pour point de départ, cette collection cherche à comprendre leur raison d'être, à déceler la part de vérité souvent cachée derrière leur formulation dogmatique, à les tenir à distance respectable pour offrir sur chacun des sujets traités une analyse nuancée des connaissances actuelles.

Vous souhaitez aller plus loin ? **www.ideesrecues.net**

AFRIQUE - L'origine et l'étymologie du mot « Afrique » sont obscures. Il apparaît sous les Romains, mais rien ne prouve qu'ils l'ont créé. Dans l'hypothèse la plus vraisemblable, il proviendrait du nom des « Afri » (sing. Afer), une population installée au nord de la Medjerda (dans la Tunisie actuelle), connue des Puniques, puis des Romains. Ces derniers l'ont d'abord appliqué au territoire carthaginois, avant de l'étendre aux régions voisines de Tripolitaine et de Numidie. Les Grecs, pour leur part, appelaient « Libye » cette partie méditerranéenne qu'ils avaient connue par l'intermédiaire des Phéniciens et des Égyptiens. Le mot est donc entré dans la langue française par le latin.

Pour les Européens, l'Afrique a longtemps été limitée à sa partie septentrionale. Les Portugais explorent systématiquement les côtes bordées par l'Atlantique puis par l'océan Indien, à partir de la fin du XVe siècle. L'intérieur est découvert progressivement par la suite, et sera entièrement reconnu à la fin du XIXe siècle.

Dans ce vaste continent se distinguent plusieurs zones, qualifiées par leur situation : l'Afrique du Nord, occidentale, orientale, centrale, australe... Le Sahara, qui a joué le rôle d'une mer intérieure plus que d'une barrière pour les populations riveraines, a individualisé l'Afrique du Nord, si bien que le nom d'Afrique est parfois restreint à l'Afrique subsaharienne ou Afrique noire. Il en va de même dans le langage courant, qui ne désigne comme Africains que les habitants de l'Afrique noire, voire les Noirs. La réciproque existe, puisque ceux-ci effectuent souvent l'amalgame entre les Blancs et les Européens.

Proches de l'Afrique, les îles de l'océan Indien lui sont souvent associées. Ainsi, la Banque mondiale situe Madagascar, les Comores, Maurice, les Seychelles dans la nomenclature des pays subsahariens, transformant une dénomination géographique en un ensemble géopolitique multiculturel.

Introduction 9

Mystérieuse Afrique

« L'Afrique a toujours été une terre d'aventures et d'exotisme. » 13

« Les Africains ne sont pas des êtres humains comme nous. » 19

« L'Afrique noire n'avait pas d'histoire avant l'arrivée des Européens. » 25

« En Afrique, régnaient le désordre et la guerre. » 31

« L'Afrique noire était en proie à l'obscurantisme religieux. » 37

La colonisation a-t-elle fait entrer l'Afrique dans la modernité ?

« Les Africains se sont laissé coloniser car les Européens leur étaient supérieurs. » 43

« La colonisation a mis l'Africain au travail. » 49

« La colonisation a exploité l'Afrique. » 55

« Les Africains ont profité de l'œuvre coloniale. » 61

L'Afrique est le continent de tous les malheurs

« L'Afrique n'a pas surmonté les handicaps hérités de la colonisation. » 67

« L'Afrique est un continent violent. » 73

« L'Afrique vit dans la pauvreté, sous la menace de la famine et de la maladie. » 79

« Les Africains ne sont pas mûrs pour la démocratie. » 85

Un continent à la marge du monde ?

« La France mène une politique néocolonialiste en Afrique. » 95

« L'Afrique a une place mineure dans le commerce mondial. » 101

« L'Afrique vit de l'aide internationale. » 105

« L'Afrique noire n'intéresse pas le reste du monde. » 111

Conclusion 117

Annexes

« ***Ils l'ont écrit*** » 120

« ***Pour aller plus loin*** » 125

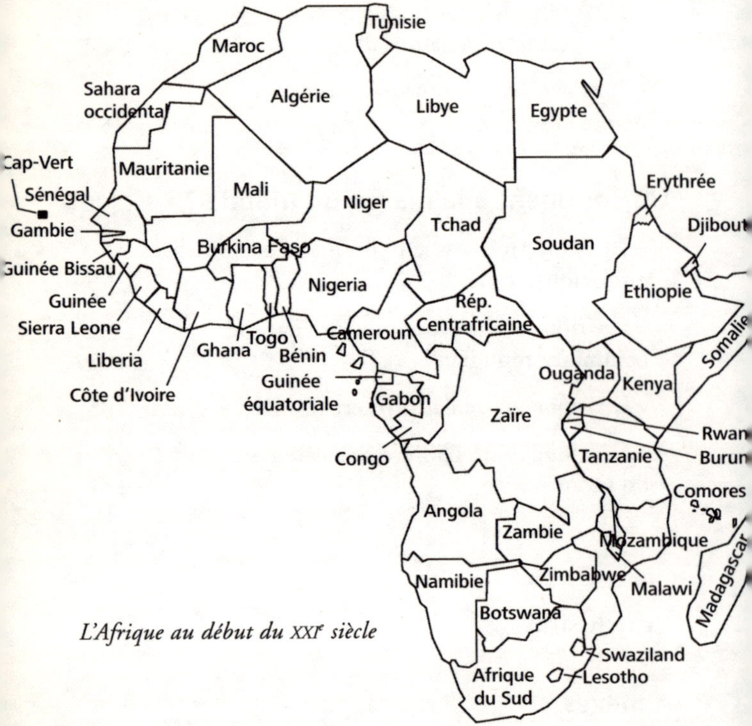

L'Afrique au début du XXI*e siècle*

Introduction

Pendant l'année scolaire 1999-2000, en Savoie, un professeur des écoles fait réaliser une « ambiance africaine » par ses élèves de maternelle : une « case » fantaisiste sur le toit de laquelle est perché un singe en peluche, une maquette de village, des dessins de masques et d'animaux accrochés aux murs ; un casque colonial sur un porte-manteau ; une guirlande d'enfants découpée dans du carton noir, ayant les mêmes yeux ronds peints sur leur visage, des torses nus, des colliers, des pseudo pagnes...

Le maître désirait élargir l'horizon de ses écoliers, mais quelle image des Africains leur présentait-il ? Uniquement celle de villageois, alors que les citadins sont devenus majoritaires dans un grand nombre de pays depuis près de deux décennies ; des enfants tous semblables, vivant à demi-nus, alors qu'en réalité, beaucoup d'entre eux portent des jeans, des baskets, et vont à l'école en uniforme (short ou jupe, et chemisette), même dans des villages où les cours ont lieu en plein air.

Dans la même classe, après avoir entendu des contes africains, chaque écolier avait inventé une histoire, l'ensemble étant réuni sous le titre... *Légendes noires de petits Blancs* ! Pour le plaisir peut-être, d'utiliser un vocabulaire contrasté, et en négligeant sans doute la signification ambiguë de l'expression « légende noire », l'enseignant avait mis au jour un clivage fondé sur la couleur de peau. Cette entreprise à vocation géographique et culturelle avait-elle engendré un fossé « racial » dans les jeunes esprits ?

Emprunté à la thèse de Martine Mougin (Lyon II, 2005), l'exemple illustre quelques idées reçues dans le répertoire varié de celles qui concernent l'Afrique. La plus prégnante est sans doute la vision globalisante du continent et de ses habitants, censés vivre, agir, penser de la même façon. En émanent des stéréotypes qui reposent tous sur une généralisation, et ceux que nous avons regroupés en quatre thèmes ne font pas exception, qu'ils concernent les comportements des Africains, l'impact de la colonisation, les vicissitudes actuelles du continent et sa place dans le monde. Les jugements sans nuances, généralement péjoratifs, perpétuent dans le non-dit les préjugés sur la couleur de peau. S'ils ne sont pas évoqués directement, les critères physiques paraissent encore déterminants à un grand nombre de nos compatriotes pour justifier les différences. Pourtant, les études scientifiques ont prouvé l'inexistence des races depuis plus d'un quart de siècle. Il y a plus de parenté, affirmait le professeur Jean Bernard, entre un Blanc et un Noir dotés du groupe sanguin 0+, qu'entre deux Blancs, ou deux Noirs ayant des groupes sanguins différents.

Racisme, ignorance, paresse d'esprit de leurs énonciateurs ? Quoi qu'il en soit, les idées reçues sur l'Afrique et ses habitants ont la vie dure. Analyser les conditions de leur apparition, démonter les mécanismes de leur propagation, réfuter leurs fondements peuvent-ils contribuer à reconvertir les mentalités ?

MYSTÉRIEUSE AFRIQUE

D'après Sur terre et sur mer, *1875, page 51*

« L'Afrique a toujours été une terre d'aventures et d'exotisme. »

On rêvait de l'Afrique. Les yeux sur la carte, nous étions séduits par ces mots de Niger, de Soudan, de Dahomey, de Madagascar, par cette étrange attirance et par cette magie qu'exercent sur les esprits des jeunes hommes les aventures militaires dans les lointains mystérieux.

Paul Vigné d'Octon, discours à la Chambre des députés, 22 novembre 1894

La fascination pour l'Afrique n'est pas nouvelle. Si sa partie septentrionale est connue depuis l'Antiquité, en particulier grâce à l'Égypte et aux implantations romaines, les régions subsahariennes n'ont été abordées par les Européens que dans leurs parties littorales, et reconnues systématiquement à partir de la fin du XVe siècle.

Le mystère planait sur l'intérieur du continent, que les conditions géographiques rendaient peu accessible. Des forêts, des réseaux lagunaires souvent précédés de mangroves, ces formations végétales composées de palétuviers dans lesquelles la terre et l'eau s'imbriquent, gênent tout accostage. Impossible aussi de remonter les fleuves à partir de leur embouchure car ils sont coupés de rapides à brève distance des côtes. Les populations locales entretenaient parfois la peur : soucieuses de garder le monopole des contacts avec les Européens, elles s'efforçaient de les cantonner sur place en leur dressant des tableaux alarmistes des périls de toutes sortes qui les guettaient au-delà des régions côtières. La plupart des descriptions étranges contenues dans les ouvrages des voyageurs à l'époque moderne, et des compilateurs qui les reprirent à leur compte, proviennent des Africains eux-mêmes.

Dans les dernières décennies du XVIIIe siècle, la soif de connaissances inhérente à la philosophie des Lumières, l'espoir de développer le commerce, incitent des Européens à commencer l'exploration du continent, et à l'intensifier au siècle suivant. Ceux qui tentent l'entreprise, au milieu de dangers réels ou supposés, font figure de héros. Les membres des sociétés de géographie, dont l'une des premières en date était l'*African Association* créée à Londres en 1788, se passionnent pour leurs péripéties ; des revues spécialisées comme *Le tour du monde*, *Sur terre et sur mer* ou *Le journal des voyages* relatent leurs aventures. Elles enthousiasment nombre d'Européens et d'Américains que l'Afrique fait rêver avec ses paysages grandioses, ses animaux féroces, ses populations aux mœurs bizarres, et qui offre, de surcroît, maintes énigmes à résoudre.

Découvrir les sources du Nil ! Un objectif essentiel en cette période où l'orientalisme remet l'Égypte à la mode. L'Écossais James Bruce pense y parvenir en partant d'Alger ; au terme d'un voyage épuisant, il atteint Gondar, la capitale de l'Éthiopie, en 1770, mais ne peut reconnaître que le berceau du Nil bleu. Par la suite, d'autres voyageurs échouent eux aussi dans cette quête jusqu'à ce que les Britanniques John Speke et James Grant trouvent l'origine du vrai fleuve, le Nil blanc, en 1860, mettant fin aux mythes millénaires concernant ses inondations.

Autre lieu légendaire, la ville de Tombouctou, au sud du Sahara, est l'objet de plusieurs tentatives malheureuses pour l'atteindre à partir de la Gambie, dont celle du médecin écossais Mungo Park qui peut toutefois rectifier une partie des erreurs concernant le cours du Niger (1795). Le Français René Caillié pénètre enfin dans la cité en 1827, déguisé en pèlerin musulman. Quant au fleuve, sa reconnaissance complète est l'œuvre des frères Lander (1830), puis de l'Allemand Heinrich Barth (1850), et du Dr Baikie (1854).

Au sud de l'équateur, l'Écossais David Livingstone, pasteur et médecin, entreprend, à partir de 1849, d'évangéliser les populations de régions inexplorées jusqu'alors. Ses exploits lui valent une telle notoriété que l'annonce de sa disparition en 1866 cause une profonde émotion. Un journal américain, Le *New York Herald*, charge l'un des meilleurs reporters de l'époque, Henry Stanley, de partir à sa recherche. Après bien des difficultés, la rencontre a lieu en 1871, à Ujiji sur le lac Tanganyika : « Docteur Livingstone, je présume ? » La phrase allait devenir célèbre.

Jusqu'au milieu du XIXe siècle, ces hommes, et bien d'autres encore, agissent souvent seuls, isolés, démunis contre les maladies tropicales, du moins avant 1855 où la généralisation de l'emploi de la quinine permet de se protéger du paludisme. L'Afrique n'est pas encore traversée en totalité : une carte publiée dans la revue *Sur terre et sur mer* montre qu'en 1866, de vastes zones sont inconnues (voir carte). Dix ans plus tard, une grande partie du Sahara et de l'Afrique centrale est reconnue, mais il reste encore des régions à parcourir. L'exploration s'achève dans le cadre des conquêtes coloniales – avec leurs aventures militaires évoquées plus haut par le député Vigné d'Octon – et de la fondation des empires, chaque métropole organisant systématiquement l'identification de ses territoires qui, d'ailleurs, s'avère parfois difficile.

La connaissance complète de l'Afrique au début du XXe siècle ne met pas un terme à l'imaginaire s'attachant au continent. Mais il emprunte de nouvelles voies, à l'instar du Transsaharien qui, sans aboutir, a suscité une littérature plus ou moins romanesque, exaltant la magie du désert tout en dénonçant la férocité de certains de ses habitants. En revanche, la Croisière noire, organisée par André Citroën pour démontrer la robustesse de ses véhicules, part de Touggourt en Algérie, en 1922, et parvient au Cap trois ans plus tard, après avoir traversé le Sahara et une partie de l'empire français, le Congo belge, quelques possessions anglaises, et le Mozambique portugais. L'ouvrage décrivant ce raid, publié en 1927 sous le titre éponyme, répercute maintes observations stéréotypées auprès d'un lectorat d'autant plus incité à les croire que ses auteurs ont réalisé une véritable performance technique. Il constitue ainsi un relais pour les idées dominantes qui seront développées avec faste, peu de temps après, à l'Exposition coloniale de Paris, en 1931.

L'idée que le continent reste ouvert à l'aventure s'est maintenue, en dépit de l'accession à la souveraineté des États africains à partir de la fin des années cinquante. En témoignent l'organisation de rallyes et de raids auto et/ou moto comme le Paris-Dakar, dont les épisodes sont diffusés depuis 1979 par les grandes chaînes de télévision, l'existence de clubs de vacances dont la publicité repose sur leur environnement exotique, les safaris-photos dans les réserves animalières, ou les prouesses des « aventuriers de l'extrême ». Parmi ces derniers, Alain Taieb, l'un des auteurs-acteurs de « Afrika Trek », diffusé sur France 3, déclarait le 27 juin 2004 dans l'émission « Arrêt sur image » de France 5 : « L'Afrique de nos peurs [d'enfant], de la mouche tsé-tsé, des fauves, elle existe encore. Parce que, depuis vingt ans, on ne voit que des soldats. » Et il ajoutait : « Le plus difficile, c'était d'éviter que l'Afrique nous inonde du drame. » Il ignorait sans doute que, pendant les deux décennies évoquées, les sujets animaliers, et non les êtres humains, avaient constitué plus de la moitié des thèmes télévisés ayant trait à l'Afrique.

L'intérêt majeur du continent ne résiderait-il que dans son aptitude à dépayser les visiteurs ?

« Les Africains ne sont pas des êtres humains comme nous. »

Mais je déchirerai les rires banania
sur tous les murs de France.

Léopold Sédar Senghor, ***Hosties noires,*** **1948**

L'image est connue : un tirailleur sénégalais coiffé d'une chéchia, riant de toutes ses dents, avec le slogan « Y a bon, Banania ». Popularisée à partir de la Première Guerre mondiale – au cours de laquelle d'ailleurs nombre d'Africains se sont battus pour la France – elle a personnifié pendant longtemps le Noir bon enfant, primaire dans son comportement et sa façon de parler le français. Cette représentation du colonisé dans un but publicitaire, fustigée par Senghor dans un poème consacré aux tirailleurs sénégalais, disparaît dans les années soixante, avant d'être réactivée par la firme en 2003, avec l'évocation nostalgique du temps où l'on dégustait le breuvage en question, sans prendre en compte la charge négative qu'elle est susceptible de véhiculer à l'égard des Africains… Sa diffusion est désormais interdite.

Les termes ne manquent pas pour qualifier l'« étrangeté » des Africains, et s'ils ont quelque peu évolué dans le temps, ils s'intègrent dans les nombreuses déclinaisons des théories sur l'inégalité des races, développées au XIXe siècle. Longtemps considéré comme proche de l'état de nature, le « primitif » était tout à la fois un « bon sauvage » et un être féroce, que les « évolués » devaient mettre en dépendance pour le civiliser. Si ce raisonnement a été battu en brèche par les découvertes scientifiques prouvant l'inexistence des races, et par le déroulement de l'Histoire, certains de ses éléments se sont pérennisés. Il en est ainsi, par exemple, de l'utilisation du singulier collectif, cette forme grammaticale par laquelle un élément symbolise l'ensemble dont il fait partie. La formulation, apparue bien avant la période coloniale pour qualifier le continent africain et ses populations, a persisté jusqu'à nos jours. Ainsi parle-t-on encore de « l'Africain », de « la » femme africaine, de « la » sagesse africaine, etc.

Dans les textes anciens des Arabes et des Européens, la mention du « pays des Noirs », du « pays des Kafirs », ou du mot « Guinée » appliqué quasiment à toute l'Afrique subsaharienne, impliquait une certaine homogénéité du territoire et des hommes. Toutefois, parallèlement, et parfois dans les mêmes ouvrages, apparaissait une grande diversité de populations dont la variété des coutumes satisfaisait les lecteurs avides d'exotisme, d'étrangeté, voire de la sauvagerie régnant dans des lieux lointains. De nombreux auteurs insistaient, entre autres, sur l'attrait qu'éprouvaient certains peuples pour la chair humaine. L'anthropophagie était mentionnée aussi bien par Ibn Sa'id évoquant les régions proches du lac Tchad au XIIIe siècle, que par Ibn Batuta, un siècle plus tard, lorsqu'il décrivait une visite de « nègres anthropophages » chez le souverain du Mali, Mansa-Moussa, ou, également, par Godefroy Loyer dans sa *Relation du voyage au royaume d'Issiny* (dans l'actuelle Côte d'Ivoire), publiée en 1714. De telles évocations se poursuivirent dans la deuxième moitié du XIXe siècle, par exemple dans des articles du *Journal des voyages*, où étaient répétés à l'envi des récits antérieurs, ou diffusées des informations plus ou moins fantaisistes destinées à susciter l'émoi des lecteurs. Par la suite, l'idée s'est réfugiée dans le non-dit, l'allusion, à l'instar du discours de Paul Morand au banquet de la Société nationale d'acclimatation, lors de l'Exposition coloniale de 1931, dans lequel il regrettait, avec une boutade significative, « de n'avoir pas vu figurer sur ce menu colonial de chair humaine ». Et à notre époque, des rumeurs voient le jour lors de catastrophes puis disparaissent, comme si le stéréotype demeurait à l'état latent, n'attendant qu'une occasion, qu'un drame, pour renaître. Par exemple, en République démocratique du Congo, où le gouvernement en place avait dénoncé, à juste titre semble-t-il, des actes de cannibalisme perpétrés par des « rebelles » sur des populations pygmées en 2002, d'autres accusations plus ou moins prouvées ont été lancées de nouveau en 2004 et 2005.

Uniformité ou pluralité, « l'Africain » ou « les Africains » ? En fait, la reconnaissance qu'il existe des éléments de diversification ne modifie pas la conception selon laquelle le groupe est homogène. Dans ce sens, la période coloniale vit se développer des thèmes contradictoires. Les colonisateurs reprenaient plus ou moins directement les idées des théoriciens du racisme sur l'infériorité de « la race » noire par rapport à « la race » blanche. Pourtant, la pratique administrative, dans sa version française, pour nous limiter à elle, conduisait à une représentation diversifiée des sociétés africaines. Elle trouvait son expression dans la « théorie des races », dont certaines étaient considérées comme plus évoluées que d'autres. Dès lors, le singulier collectif s'affinait, se situant plutôt au niveau d'un ensemble de populations auxquelles étaient dévolus des qualités ou des défauts : celui-ci était belliqueux, celui-là pacifique ; l'un avait une nature disciplinée, l'autre un caractère farouche... Aucune distinction n'était faite entre les membres du groupe.

Ces types de classification ont été contestés très tôt par les recherches ethnologiques, puis anthropologiques menées sur le terrain. Mais elles représentaient les communautés étudiées, même lorsqu'il s'agissait de subdivisions – l'ethnie, le clan, le lignage, etc. – comme des entités dans lesquelles l'individualité n'entrait pas en ligne de compte. Or les réactions personnelles existaient dans les sociétés africaines, mais il aurait fallu, pour les déceler, avoir une approche adéquate.

En face, du côté des colonisés, la revalorisation culturelle passait par l'élaboration d'une représentation unitaire, à l'instar de la Ligue universelle de défense de la race noire créée en 1924, et qui trouva son expression littéraire et politique militante dans la « négritude » lancée par Léopold Sédar Senghor et Aimé Césaire en 1939. Conçu comme une arme de lutte destinée à rendre leur dignité aux colonisés africains et antillais, ce concept valorisait lui aussi le singulier collectif à travers « le Nègre », qu'il englobait – voire cantonnait – dans une série de comportements censés être partagés par tous. Cette vision sera critiquée plus tard par des intellectuels comme Stanislas Adotevi qui écrit, à propos de la phrase de Senghor : « La raison blanche est analytique par utilisation, la raison nègre, intuitive par participation » ; « Autrement dit, le nègre est une espèce particulière, étrangère à toute détermination, extérieure à son histoire » (*Négritude et négrologues*, 1972, p. 44).

Après les indépendances, les dirigeants politiques et/ou leurs opposants perpétuent cette optique, et parfois en jouent, de même que des intellectuels ou des artistes, dont les médias relaient les discours généralisants. Il en est ainsi, entre autres, de la série d'émissions dans laquelle Hamadou Hampâté Ba est présenté comme le chantre de « la » culture africaine, ou encore de personnalités variées qui extrapolent leurs propres habitudes culturelles en affirmant : « Chez nous, en Afrique… »

Les spécialistes des sciences humaines et sociales, eux-mêmes, ont peu changé leur manière de présenter des problématiques pourtant renouvelées depuis quelques décennies. En témoignent nombre de livres collectifs dont la construction comporte des « généralités » et des « études de cas », terminologie qui tend à minorer l'ampleur des disparités. Dès lors, comment s'étonner qu'en dépit du développement des connaissances sur le continent, les modes d'expression le concernant n'aient pas été modifiées substantiellement ?

« L'Afrique noire n'avait pas d'histoire avant l'arrivée des Européens. »

Nous devons détruire le mythe selon lequel notre histoire commence en 1652, année où Van Riebeeck a débarqué au Cap.

Steve Biko, militant sud-africain, mort en prison en 1977

La reconnaissance que l'Afrique noire constituait un champ d'études historiques avant ses contacts avec les Européens, et en dehors d'eux, est relativement récente, à cause d'un double handicap inhérent à la fois à la définition étroite de l'Histoire en tant que discipline scientifique, et au fait que le continent était dominé.

Pendant longtemps, les historiens occidentaux ont considéré que leur domaine se limitait à des zones géographiques bien précises : le pourtour méditerranéen et l'Europe. Les autres parties du monde n'apparaissaient dans l'Histoire universelle que pour autant qu'elles étaient en relation avec l'Europe. L'Afrique a certainement le plus souffert de cette conception car elle entrait peu dans les cadres classiques de l'Histoire. Celle-ci, en effet, s'est constituée en science humaine dans les dernières décennies du XIXe siècle en affirmant le primat du document écrit, l'invention de l'écriture marquant le passage de la préhistoire à l'Histoire. Comme les populations africaines au sud du Sahara, dans leur majorité, ne possédaient pas d'écriture, leurs sociétés étant largement basées sur l'oralité, les historiens estimaient que leur étude n'entrait pas dans leur domaine de compétence. Ils l'abandonnaient aux ethnologues, anthropologues, géographes ou sociologues qui pratiquaient des méthodes différentes. Or ces derniers proposaient souvent une vision linéaire des sociétés concernées, car ils projetaient sur le passé les informations recueillies au moment des enquêtes. Ces procédés aboutissaient à négliger toute évolution, et à donner des représentations stéréotypées que traduisaient le terme de « traditionnel », et le couple tradition - modernité.

Le refus des historiens de considérer que l'Afrique noire et ses habitants entraient dans leur champ de recherches favorisait les vues simplificatrices. Une citation d'un historien d'Oxford a été reprise par *l'Histoire générale de l'Afrique* publiée par l'Unesco. Elle n'indique ni le nom de l'auteur ni la date de cette affirmation, située vraisemblablement à la fin des années trente, mais elle est exemplaire de cette mentalité : « Peut-être qu'à l'avenir il y aura une histoire de l'Afrique à enseigner. Mais à présent, il n'y en a pas : il y a seulement l'histoire des Européens en Afrique. Le reste est ténèbres… et les ténèbres ne sont pas un sujet d'histoire… Nous ne pouvons nous permettre de nous amuser avec les mouvements sans intérêt de tribus barbares dans des coins du monde pittoresques, mais qui n'ont exercé aucune influence ailleurs » (tome I, p. 35).

Même lorsque l'École des annales, qui réunissait des historiens soucieux de renouveler leur discipline comme Lucien Febvre et Marc Bloch, a préconisé, dans l'entre-deux-guerres, d'autres sources émanant du passé, le primat de l'écrit est resté intangible. Les sociétés africaines apparaissaient donc toujours comme figées, incapables de se transformer.

Dans le même temps, le fait que l'Afrique ait été

conquise presque en totalité à la fin du XIXe siècle étayait l'idée que son histoire se réduisait à celle de ses relations avec les pays européens. Fait significatif : la première chaire évoquant le passé du continent, créée au Collège de France en 1921, l'intégrait dans l'histoire de la colonisation française. De même, la collection dirigée par son titulaire, Alfred Martineau, en collaboration avec Gabriel Hanotaux, ne traitait de l'Afrique que dans le cadre de *L'Histoire des colonies françaises* (1930-1934). En Grande-Bretagne, autre exemple, parmi les huit volumes de *The Cambridge History of the British Empire* (publiés à partir de 1929), un seul était consacré à l'Afrique restreinte à sa partie australe, c'est-à-dire au passé des colons, les allusions aux peuples africains n'y trouvant place que dans une introduction rédigée par un anthropologue. Or ces ouvrages allaient constituer des références jusque dans la deuxième moitié du XXe siècle.

Pourtant, l'histoire de l'Afrique noire allait progressivement se dégager de l'histoire coloniale. L'impulsion fut souvent donnée dans les territoires africains par des coloniaux eux-mêmes, à l'instar du Comité d'études historiques et scientifiques de l'AOF, fondé par le gouverneur général Clozel en 1915, qui prend le nom d'Institut français d'Afrique noire (IFAN) en 1938. S'y retrouvaient des érudits, des spécialistes des traditions « indigènes », des hommes de terrain (missionnaires, administrateurs, commerçants), les plus connus étant Maurice Delafosse et Georges Hardy. Il s'agissait d'abord de donner un sens et une légitimité à la colonisation en montrant sa continuité avec le passé commercial et, dans ce but, constituer des fonds d'archives qui présentaient avant tout le point de vue des Européens. Bien sûr, les traditions orales collectées n'étaient pas considérées comme des documents historiques, ce que soulignait par exemple un article de Blanc, dans le *Bulletin du Comité d'études historiques et scientifiques* de l'AOF (1924). Citant des informations fournies par des populations du Sahel sur les origines du peuplement et sur leur organisation, il y écrivait : « Ce sont là des racontars aussi confus et désordonnés qu'il est accoutumé. »

Les lendemains de la Seconde Guerre mondiale marquent une rupture avec la revalorisation des cultures africaines, due aux actions d'intellectuels africains, en particulier la création de la Société africaine de culture (SAC), de la revue *Présence africaine* par Alioune Diop en 1947, ainsi qu'aux travaux de Noirs américains. En outre, les disciplines scientifiques elles-mêmes évoluent. Des anthropologues attaquent les premiers les images uniformes des sociétés africaines en se livrant à des études comparatives sur les rites et les religions. Une nouvelle génération d'historiens, marquée par l'École des annales, se montre favorable à un élargissement des sources de l'Histoire, sans toutefois admettre que les récits oraux sont des documents fiables. Or l'*Oral History*, qui se développe alors aux États-Unis, s'attache à l'histoire de ceux qui ne s'expriment pas par l'écrit, tels des syndicalistes, des ouvriers, etc. Démontrer que les peuples d'Afrique noire ont une histoire en dehors des Européens, et que cette histoire peut être étudiée, repose sur l'élaboration d'une méthodologie adéquate pour faire accepter les traditions orales comme des documents historiques à part entière. Cette réflexion s'effectue pendant la période de décolonisation, tandis que paraissent des analyses critiques sur la période coloniale. Ce n'est pas un hasard si l'ouvrage fondamental de Jan Vansina, *De la tradition orale. Essai de méthodologie historique*, publié à Tervuren, sort en 1961, soit un an après l'indépendance de nombreuses colonies.

Par la suite, les études historiques se multiplient en croisant des sources variées. Dans les années soixante-dix, l'Unesco entreprend la publication d'une *Histoire générale de l'Afrique*, sous la responsabilité intellectuelle d'un Comité scientifique international de 39 membres, dont deux tiers d'Africains. Composée de huit volumes allant de la préhistoire à l'époque contemporaine, elle a été rédigée par des historiens de nombreux pays dont des Africains. Elle constitue toujours une référence, bien que la bibliographie se soit enrichie et renouvelée par la suite. Pourtant, ces résultats sont restés longtemps confinés à un public restreint de spécialistes, et l'enseignement de l'histoire de l'Afrique noire à l'école a pérennisé l'idée que les sociétés africaines sans écriture n'avaient pas d'histoire.

« En Afrique, régnaient le désordre et la guerre. »

Ses institutions ancestrales garantissaient [à l'Africain], depuis des siècles, une liberté que l'Européen peut difficilement concevoir...

Jomo Kenyatta, 1937

L'image d'une Afrique subsaharienne précoloniale vivant dans le chaos, sans organisations politiques véritables et sans États est restée longtemps prégnante en France, comme dans les autres pays occidentaux. Née d'une connaissance superficielle du continent pendant des siècles, elle a été renforcée et popularisée dans le but de légitimer les conquêtes coloniales qui auraient apporté des structures « modernes », ainsi que la paix. L'école s'en est fait l'écho depuis la fin du XIXe siècle. Les manuels scolaires, même ceux rédigés au lendemain des indépendances, ont justifié les conquêtes dans les mêmes termes que par le passé, à l'instar de ce texte paru en 1963, et réédité *in extenso* en 1967 : « Parfois, les colonnes se heurtent à des despotes nègres, véritables bêtes féroces qui ravagent le pays partout où ils passent, massacrent les malheureux noirs [*sic*] ou les emmènent comme esclaves. Il faut livrer bataille et le chef blanc avec ses tirailleurs arrive souvent à mettre en fuite, par son courage et son habileté, une cohue de plusieurs milliers de guerriers. C'est ainsi que Gouraud s'empare du sultan Samory qui terrorisait le

Soudan depuis des années. » (Flandre et Mercier, *Cours moyen*, éd. Belin, p. 137.)

Cet ouvrage ne tranchait guère avec les autres de même niveau. Tous montraient d'un côté les Africains composés d'une poignée de chefs – « roitelets » ou « potentats » agissant avec cruauté – et d'une masse opprimée et soumise ; de l'autre, les Français, individus héroïques, peuple dispensant la liberté. Leur organisation politique ? Pour les premiers, le despotisme, les regroupements en bandes, le pillage, les guerres intestines ; pour les seconds, l'ordre, la loi. En bref, la barbarie en face de la civilisation. Certes, les manuels ont été modifiés par la suite, mais les jugements simplistes ont survécu, et sont même parfois repris par les médias. Ainsi peut-on encore entendre ou lire que l'Afrique noire précoloniale n'était dotée que d'institutions plus ou moins primitives, évoquées, entre autres, par les termes de « tribu », « clan », « chefferie »..., et que les populations ne cessaient de se combattre plus ou moins sans raisons. Dans ce domaine, les progrès de la connaissance historique restent donc toujours largement ignorés du grand public.

Ces appréciations sur l'état de l'Afrique noire précoloniale mettent en jeu plusieurs éléments. À la base, elles négligent la diversité des entités politiques, dont l'existence était d'ailleurs attestée de longue date par des voyageurs étrangers, qu'il s'agisse de sociétés dites segmentaires, à l'instar de celles des Bwa et des Dogon au Mali, des Kabiyé au nord du Togo, des Pygmées au Congo et en Centrafrique etc., de cités-États, par exemple Oyo, Ifè, Abéokouta au Nigeria, de royaumes ou d'empires. Or leurs descriptions empreintes d'ethnocentrisme, qui valorisaient généralement les aspects exotiques et anecdotiques, ont contribué à sous-estimer la variété des types d'organisation et des institutions dont les études comparatives menées depuis quelques décennies soulignent autant les différences que les caractères communs.

Contrairement à une opinion courante, les territoires avaient des frontières bien délimitées avant le partage colonial, mais leur existence, parfois invisible aux yeux des étrangers, s'exprimait de multiples façons, dont on ne peut évoquer que quelques-unes ici. Pour les ruraux, qui constituaient alors la majorité des populations, la protection du terroir et des habitations variait en fonction de l'environnement – selon qu'ils se situaient en forêt, en savane ou en zone sahélienne – et du mode d'organisation. En témoignent quelques exemples. En Afrique occidentale, les habitants d'Abéokouta, une ancienne cité-État yorouba (dans l'actuel Nigeria), avaient bâti une haute muraille en terre à l'intérieur de laquelle se réfugiaient les campagnards des alentours en cas d'attaque ennemie. Ces remparts possédaient un glacis de protection extérieur planté d'épineux pour gêner l'escalade d'éventuels ennemis et permettre aux défenseurs de riposter plus efficacement. Bien que peu étendu en superficie, le royaume du Danhomè (au Bénin), avait mis en place une organisation douanière et des postes de péage installés aux carrefours des voies de communication, afin de surveiller son territoire et de déjouer toute contrebande. En Afrique australe, l'empire zoulou était entouré par une vaste ceinture protectrice vidée de ses habitants et dans laquelle patrouillaient des guerriers.

Le contrôle de l'espace s'intégrait, comme partout ailleurs dans le monde, dans des structures assurant la cohésion sociale. L'autorité politique, généralement doublée d'un caractère religieux sacré, était exercée, selon les cas, collégialement ou par un individu. Le pouvoir était rarement absolu, même dans les régimes apparemment les plus autoritaires. Le roi du Danhomè, par exemple, devant lequel les sujets devaient se prosterner le front dans la poussière, n'échappait pas à l'existence de contre-pouvoirs qui pouvaient prendre des formes occultes, comme dans maintes sociétés africaines. L'organisation gouvernementale était plus ou moins développée selon les pays, les plus structurés ayant des ministres et des services chargés d'appliquer les décisions. Pour reprendre l'exemple du Danhomè, un ministre avait en charge la police et l'administration du palais royal, un autre l'agriculture et le commerce, un troisième s'occupait des relations avec les négociants étrangers établis dans le royaume, etc.

L'armée avait une place importante, mais sa taille et sa composition variaient d'un État à l'autre : ainsi, le Danhomè possédait des troupes masculines et féminines appelées « amazones » par les Européens. De même, l'esclavage n'était pas répandu dans toutes les sociétés, même s'il était courant dans la plupart d'entre elles. Quelques monarchies, dont le Danhomè, avaient construit leur puissance sur la traite atlantique, en échangeant avec des négriers européens des esclaves capturés dans les contrées voisines contre des armes. Certains royaumes de l'Afrique orientale vivaient également de la traite vers l'océan Indien en collaboration avec des négriers arabes. Les relations entre pays africains n'étaient pas plus belliqueuses qu'ailleurs : elles s'appuyaient sur des échanges d'ambassadeurs et sur des alliances matrimoniales, ce qui explique que la plupart des souverains aient eu un nombre élevé d'épouses. Quant aux guerres, comme partout dans le monde, elles avaient généralement pour causes les velléités de conquête d'États expansionnistes.

À la veille de la colonisation, la situation géopolitique résultait donc à la fois du morcellement de vastes empires créés et désagrégés pendant les siècles précédents, et de nouvelles recompositions politiques. Dans l'ouest africain, des migrations expansionnistes, le plus souvent portées par l'islam, se traduisirent par la fondation d'États luttant pour s'agrandir au détriment des autres. Ainsi, l'empire de Samori s'étendit, à partir des années 1860, sur une vaste partie de la zone soudano-sahélienne, mais son action fut arrêtée par les conquêtes françaises en 1898. En Éthiopie, les empereurs Théodoros (1855-1868), Johannès IV (1871-1889) et Ménélik II (1889-1913) entreprirent successivement de réunifier et de transformer leur État, qui put non seulement survivre au partage de l'Afrique par les Européens, mais aussi y participer. En Afrique du Sud, l'empire zoulou, strictement organisé par Shaka sur des bases militaires, dans les années 1820, se développa sous ses successeurs jusqu'à son annexion par les Anglais en 1887.

Déformer le contenu des mutations que connaissait l'Afrique subsaharienne avait pour objet de justifier les convoitises et les conquêtes des puissances européennes. Or les interprétations simplistes et négatives se sont maintenues dans le grand public bien après la fin de la période coloniale.

« L'Afrique noire était en proie à l'obscurantisme religieux. »

Cette Afrique, qui – entre les Européens et les Américains du FMI et de la Banque mondiale – pourrait imaginer ses croyances millénaires, ses terreurs, ses sorciers.

Félix Houphouët-Boigny, ***Mes premiers combats*****, 1994**

Ce stéréotype – que des Africains reprennent parfois à leur compte, tel Félix Houphouët-Boigny, qui présida la Côte d'Ivoire jusqu'à sa mort en 1993 – procède d'un jugement de valeur consistant à ne considérer comme religions véritables que les monothéismes, même si les tenants du Livre se dénigrent entre eux, voire s'entre-déchirent. Ils retrouvent toutefois une unité de vue pour déconsidérer les croyances ancestrales des Africains, qu'ils qualifient par des termes dérivés du portugais *feitiço* : le culte étant le « fétichisme », les objets des « fétiches », les médiateurs ou prêtres des « féticheurs », et les fidèles des « fétichistes ». Cette nomenclature, appliquée à des rites considérés comme primitifs, est encore employée de nos jours, pérennisant le regard méprisant jeté sur les « païens ». Notons que depuis quelques décennies, les spécialistes évitent d'employer ce vocabulaire, ou à tout le moins, le placent entre guillemets.

En réaction, un certain nombre d'Africains s'efforcent de revaloriser leurs croyances, en montrant qu'elles reposent elles aussi sur un seul dieu, mais qu'elles s'expriment de façon différente des religions judéo-chrétienne et islamique. Cette démarche, qui consiste à revendiquer la qualité de monothéiste, s'inscrit dans la vision péjorative des polythéismes, évoquée plus haut. Il ne nous appartient pas, évidemment, de juger ici du bien-fondé de ce type d'argumentation, mais d'analyser les éléments fondamentaux de ces cultes parfois appelés animistes par une généralisation abusive.

Liées à un groupe humain et un terroir donnés, ces religions sont aussi nombreuses que les sociétés qui les pratiquent même si, dans une aire culturelle donnée, coexistent des éléments cultuels communs. L'explication du monde est donc variée. La plus connue est sans doute celle des Dogon (Mali), vulgarisée par Marcel Griaule dans *Dieu d'eau* (1948) qui l'a systématisée pour la rendre intelligible par des étrangers.

Dans la plupart des panthéons existe un dieu supérieur, souvent éloigné des êtres humains et s'en occupant peu. Cette tâche revient à une multiplicité de déités émanant des forces de la nature, qui s'incluent parfois dans une hiérarchie, et que symbolisent des objets rituels, à travers lesquels des cultes leur sont rendus. Ainsi, dans l'aire adja-tado, qui s'étend du sud du Togo au Nigeria occidental, *Mahu* est le dieu suprême. Les *vodoun* (qu'il ne faut pas confondre avec le vaudou, adaptation culturelle opérée par les esclaves transplantés dans les Caraïbes et au Brésil) sont des divinités, tel *Ogou*, dieu puissant du feu, des forgerons et du tonnerre, *Sakpata*, dieu de la variole - maladie longtemps endémique - etc. En outre, les manières d'honorer les ancêtres varient. Chez les Yorouba du Bénin et du Nigeria, chaque lignage a ses *egoun* ou revenants, qui « sortent » périodiquement pour réguler la bonne marche de la communauté, et dont les manifestations ont été photographiées par Pierre Verger dans *Dieux d'Afrique* (1954).

Des sociétés composées d'initiés existaient presque partout, mais leurs finalités et leurs compétences différaient d'une communauté à l'autre. Vêtus de façon spécifique, parfois masqués, dotés de comportements, voire de langages particuliers, ces personnages de l'ombre pouvaient assurer la régulation politique et/ou sociale, ou bien constituer une police nocturne comme les *Zangbeto* à Porto-Novo au Bénin, ou encore veiller à la propreté des villages, à l'instar de ceux que l'on trouvait aussi bien à Kétou (actuel Bénin) que chez les *Gisir* du Gabon, etc. Le secret dont ils s'entouraient garantissait d'autant plus l'exécution de leurs prescriptions qu'ils invoquaient des forces et des méthodes occultes. Ces pratiques schématisées par le terme de « sorcellerie » donnèrent lieu à des interprétations souvent extravagantes de la part des Européens. Comme celles concernant les hommes-léopards, une société secrète dans laquelle les initiés se transformeraient en léopards pour perpétrer des meurtres. Elle fut popularisée, sans esprit critique, entre autres par *Tintin au Congo* de Hergé, et continue à nourrir l'imaginaire d'auteurs de bandes dessinées et de scénaristes.

La dispersion des cultes rendait leur contrôle difficile, voire impossible. Aussi les gouvernements coloniaux les ont-ils combattus, préférant avoir affaire à des communautés plus larges. De ce fait, ils ont encouragé l'œuvre missionnaire, ce que notait par exemple le théoricien allemand Gustav Warneck (1834-1910), au début du XXe siècle : « Les régimes coloniaux ont fait entrer dans leurs calculs l'extension du christianisme afin de renforcer, avec l'aide de la Mission, leur propre domination et d'augmenter le rendement de leurs colonies. »

Les missionnaires, eux aussi, espérant l'appui des gouvernements européens, firent souvent « entrer dans leurs calculs » le triomphe de la colonisation. En ce qui concerne l'islam, les administrations coloniales étaient plus circonspectes mais elles choisirent de l'appuyer lorsqu'il s'agissait de faire reculer les cultes ancestraux.

Depuis les indépendances, un effort a été mené dans quelques pays comme le Bénin pour organiser ces derniers avec un représentant national, un « chef des féticheurs ». Ceci répond à des préoccupations d'ordre politique, mais n'a aucun fondement religieux, à cause de la multiplicité des invocations.

Dans l'ensemble, les religions dites du terroir reculent à cause de la destructuration des sociétés dont elles garantissaient la cohésion. Le système des classes d'âge, qui constituait généralement le cadre dans lequel s'opérait l'éducation progressive des villageois tout au long de leur vie, s'est effrité avec l'exode rural, la croissance urbaine et la pénétration de l'école à l'occidentale. En outre, elles ont subi de plein fouet le prosélytisme des autres religions. Même s'ils conservent quelques rites anciens, les chrétiens et les musulmans deviennent de plus en plus nombreux, puisqu'au début du XXIe siècle, ils représentent respectivement 46 % et 41 % des Africains, alors qu'à peine 13 % sont considérés comme adeptes des « religions ethniques », pour reprendre une nomenclature internationale. L'islam s'est développé rapidement entre autres parce qu'il n'oblige pas à l'abandon de certaines coutumes comme la polygamie. C'est actuellement la religion qui progresse le plus.

”

LA COLONISATION A-T-ELLE FAIT ENTRER L'AFRIQUE DANS LA MODERNITÉ ?

« Les Africains se sont laissé coloniser car les Européens leur étaient supérieurs. »

Est-ce que la France, cet apôtre du droit, de la justice, du progrès, de la vérité, n'est pas tenue d'initier à ces grandes choses, non pas les peuples de race inférieure – il n'y a pas de race inférieure – mais de culture inférieure ?

Mgr Freppel, évêque d'Angers, député catholique du Finistère, débat à la Chambre des députés, 21 décembre 1885

L'idée courante selon laquelle les Africains auraient accepté la colonisation parce qu'ils étaient convaincus de leur infériorité sous-estime, voire ignore, leurs réactions à l'égard de leur mise en dépendance.

Au sud du Sahara, l'expansion européenne dans la deuxième moitié du XIXe commença principalement à partir de ses implantations antérieures. Les partisans de la colonisation organisèrent des missions d'exploration et de conquête, avec ou sans l'aide de l'État, dans le double but de reconnaître des territoires peu pénétrés jusqu'alors et d'étendre ceux de leurs pays respectifs. La méthode consistait à faire signer des traités de « protectorat », grâce auxquels les gouvernements colonisateurs justifièrent souvent leurs revendications territoriales, arguant du fait que les dirigeants locaux avaient désiré se placer sous leur protection. Plusieurs centaines d'actes furent ainsi élaborés : rien que pour la France, 226 ont été recensés entre 1880 et 1890. Tous n'avaient pas la même valeur car les maîtres d'œuvre ignoraient généralement si celui qu'ils appelaient « roi » ou « chef » avait la compétence et le droit d'engager sa communauté. En outre, le terme de « protectorat » était interprété différemment par les signataires : pour un Européen, il s'agissait d'une prise de possession au profit de son pays. Pour un Africain, c'était seulement un acte amical, car les fondements de la propriété collective n'admettaient aucune aliénation de la terre héritée des ancêtres. Il considérait donc le drapeau reçu en échange de sa signature comme un cadeau, et le fait de l'arborer, comme un geste d'hospitalité. Une fois le visiteur parti, il s'estimait libre de le remplacer par celui d'un autre pays si l'occasion s'en présentait. Cette différence de conception dégénéra parfois en conflit, à l'instar de la guerre initiée en 1890 à propos de Cotonou. La cession à la France en avait été contestée par Béhanzin, le roi du Danhomè (dans l'actuel Bénin), qui ne voyait, dans les textes signés par ses prédécesseurs, qu'une autorisation à occuper le site.

Alors que certaines terres ont été conquises sans trouble apparent, pour d'autres, les habitants n'ont pas accepté la perte de leur indépendance. Contre ces résistances, les pays colonisateurs organisèrent des expéditions militaires, composées souvent de soldats recrutés dans d'autres parties de l'Afrique et placés sous le commandement d'officiers métropolitains. Les guerres coloniales furent nombreuses. Du côté français, à partir des points d'appui du Sénégal et de la côte Atlantique, les gouvernements successifs organisèrent des expéditions militaires contre les États africains qui entravaient leur progression à la fois vers le Niger, le Tchad et le Haut-Nil, ainsi que contre ceux qui empêchaient la jonction entre les possessions de part et d'autre du Sahara. La prise de Madagascar donna lieu, elle aussi, à des actions militaires en 1885, puis en 1894. Pour affirmer l'autorité de la France, le général Gallieni fut chargé d'organiser la répression et de rétablir l'ordre. Il utilisa des méthodes fortes, renversa la monarchie, déposa la reine Ranavalona III, qui avait été forcée d'accepter le protectorat, puis l'exila (1897). Madagascar, annexée, devint une colonie.

Pour sa part, la Grande-Bretagne, en voulant étendre ses territoires à partir de ses implantations sur le littoral de la Côte de l'Or (*Gold Coast*), se heurta aux Ashanti qui refusaient sa domination. Une période de guerres s'ensuivit. Commencée par l'incorporation des États côtiers en 1874, elle s'acheva après deux campagnes importantes, en 1896 et en 1900, à la suite desquelles les Ashanti furent contraints de se soumettre. Parallèlement, les Anglais poursuivirent leur expansion dans l'arrière-pays du Lagos et à partir de la région des Rivières de l'huile, afin de gagner de vitesse les gouvernements français et allemand dans la course au Niger. Ils prirent le pays Hausa et se dirigèrent vers le Tchad. La présence française ne permit pourtant pas d'opérer la liaison avec les régions du Haut-Nil, où les forces anglo-égyptiennes avaient battu l'État mahdiste et pris Khartoum en 1898, avant de s'installer à Fachoda, que le capitaine Marchand fut obligé d'évacuer. Cette « affaire » suscita entre Français et Anglais une vague d'antipathie, voire de haine qui dura plusieurs années. En Afrique australe, la découverte de mines de diamants (1867) et d'or (1881) fut à l'origine de l'expansion anglaise au détriment des Africains, en particulier de l'empire zoulou d'une part, et des États boers, lors de la guerre qui porte leur nom (1899-1902).

Les États européens s'entendirent sur les modalités du partage de l'Afrique lors de la conférence de Berlin de 1884-1885, à laquelle ne participait aucun pays africain. Par la suite, ils fixèrent par des conventions bilatérales, au coup par coup, les limites de leurs territoires respectifs. En fait, leur « supériorité » résidait dans leur armement. Certains n'ont pas hésité, en effet, à investir de fortes sommes dans du matériel militaire pour vaincre des résistances particulièrement difficiles. C'est ainsi que les Anglais, au cours de l'année 1879, en envoyèrent en Afrique australe pour une valeur de 5 millions de livres sterling or. Ceci afin de prendre leur revanche sur les Zoulous, qui les avaient battus quelques mois auparavant, à Isandlwana, suscitant une immense émotion en Europe, où l'on s'étonnait que des Noirs aient pu vaincre la première puissance mondiale.

Les Africains n'ont pourtant pas sous-estimé l'importance de l'armement. Leurs guerriers ont souvent combattu à l'aide de fusils achetés aux Européens. Toutefois, ces derniers leur vendaient généralement des modèles anciens. Quelques-uns provenaient même des prises de guerre entre Européens, comme celles de la guerre franco-prussienne de 1870. Le commerce des armes d'occasion était prospère et se poursuivait même pendant les hostilités : les ressortissants des nations européennes non belligérantes ne perdaient pas l'occasion de faire des bénéfices fructueux en approvisionnant les Africains. Liège, en Belgique, était alors le centre mondial de la remise en état des fusils dits « de traite ». Quant aux Américains, ils se sont spécialisés un peu plus tard dans la réparation des fusils à répétition. L'avance technologique en matière d'armement a donc permis la victoire des colonisateurs. Pourtant, les Italiens furent battus en Éthiopie à Adoua en 1896, ce qui fit sensation en Europe et permit à cet État de conserver son indépendance.

Après les conquêtes, l'établissement de régimes

coloniaux fut diversement accepté par les populations. À Madagascar, par exemple, l'installation française ainsi que les graves abus commis par les militaires suscitèrent de nombreux troubles auxquels l'administration fut confrontée pendant les dix ans, dans la plupart des régions de l'île, et dut procéder à une « pacification ». Partout, les différents colonisateurs installèrent des forces militaires et/ou policières pour maintenir l'ordre. L'histoire de la période coloniale est ainsi jalonnée de contestations qui prirent des formes variées, allant de la résistance passive à la rébellion armée durement réprimée, comme ce fut le cas dans plusieurs territoires français de l'ouest africain pendant la Première Guerre mondiale, entre autres en Haute-Volta (actuel Burkina Faso) et dans quelques régions du Dahomey. Elles se traduisirent également par l'émergence de mouvements religieux contestataires, et par des formes associatives lorsque celles-ci étaient autorisées. Les Africains répondirent donc diversement au processus de la domination extérieure, et ne l'acceptèrent pas sans réagir. Les résistances montrent qu'ils n'étaient pas convaincus de la supériorité inéluctable des Européens.

« La colonisation a mis l'Africain au travail. »

[L'] ardeur au travail [...], pour d'innombrables raisons, n'est pas innée chez l'Africain.

René Pleven, commissaire aux Colonies,communication à l'Assemblée consultative provisoire sur les travaux de la Conférence africaine française, *Journal officiel*, 15 mars 1944

L'idée que « l'Africain » se complaisait dans l'oisiveté, qu'il était naturellement paresseux a pris corps lorsque les Européens ont voulu utiliser sa force de travail dans le cadre de la traite des Noirs. Cette opinion négative n'apparaissait pas, en effet, dans les récits des voyageurs anciens ou de ceux, plus tardifs, qui ne se sentaient pas concernés par ce trafic. Leurs descriptions évoquaient le plus souvent des populations industrieuses, pratiquant plus ou moins bien diverses activités agricoles, artisanales ou commerciales. Il en allait différemment des auteurs intéressés par le commerce des êtres humains. Ainsi, le père Labat, dans ses ouvrages publiés en 1728 et en 1730, présentait les esclaves achetables sur la côte ouest africaine en fonction de leur provenance, distinguant les forts, « accoutumés au travail et aux plus grandes fatigues », et les « gourmands, paresseux et voleurs » : « ils n'aiment point le travail et y sont lâches quand ils y sont obligés ». Or la description de ces derniers comme étant « mauvais, sujets à s'étouffer, à manger de la terre pour se faire mourir », permet de penser qu'il pouvait s'agir de formes de résistance à l'asservissement.

Le stéréotype se développa pendant la période coloniale. Les exemples de rapports administratifs et d'ouvrages contenant ce préjugé abondent. Bornons-nous au livre de l'explorateur Édouard Foa paru en 1894, *Le Dahomey. Histoire, géographie, mœurs*. Observant la méthode utilisée dans le sud du Dahomey (Bénin actuel) pour effectuer des semailles, l'auteur jugeait sévèrement ce procédé, pourtant judicieux et rapide, car il voyait dans le fait de ne pas se baisser une preuve évidente de la « très grande paresse du Noir » ! Elle consistait, pour l'agriculteur, à creuser la terre avec son orteil droit, à jeter « avec adresse » du grain puisé dans un sac, et à refermer le tout d'un coup de talon, Il est vrai qu'en Europe, à la même époque, on considérait que le paysan devait nourrir la glèbe de sa sueur…

Dès le début de la conquête, les États colonisateurs eurent besoin de main-d'œuvre pour le portage – moyen de transport essentiel à cette époque et qui le restera jusque dans les premières décennies du XXe siècle – pour l'exécution de travaux d'équipement, et pour répondre à la demande des entrepreneurs privés d'origine métropolitaine. Or les agriculteurs, qui composaient la majeure partie de la population, n'étaient pas volontaires pour s'engager comme porteurs ni comme travailleurs salariés faiblement rémunérés. Dans la plus grande partie de l'Afrique intertropicale, en effet, le travail libre ne concerna réellement que des travailleurs qualifiés, peu nombreux, qui disposaient d'un savoir-faire leur permettant de choisir leurs lieux d'embauche et de toucher un salaire appréciable.

Les gouvernements coloniaux mirent en place divers moyens pour obtenir les travailleurs dont ils avaient besoin. Les prestations, ou corvées, établies dans les possessions françaises devaient servir à entretenir les voies menant aux villages, mais l'application de ce système donna lieu à de nombreux abus, tandis que les habitants des grandes agglomérations eurent la possibilité de verser un équivalent en numéraire appelé « rachat des prestations ». Toutefois, cet apport de main-d'œuvre étant limité, l'administration recourut au travail forcé. Elle contraignit chaque village, ou chaque communauté, à fournir un nombre déterminé d'hommes. Elle s'adressa souvent aux chefs traditionnels ou à ceux qu'elle avait nommés, en les tenant responsables de tout manquement à ses instructions. L'attitude de ceux-ci se révéla complexe. Souvent, ils accentuèrent la pression sur leurs subordonnés afin de réunir le nombre d'hommes qui leur était imposé. Parfois, comme les Peul en Guinée, ils tournèrent la difficulté en envoyant leurs propres captifs, et certains profitèrent d'ailleurs de l'occasion pour se libérer. Plus rarement, quelques-uns, soutenus par la population, refusèrent de se plier aux exigences du recrutement, payant de leur personne par des peines d'emprisonnement ou des amendes. Lorsque l'opposition devenait trop forte, que les hommes tentaient de se soustraire à ces enrôlements forcés, des « promenades militaires » étaient organisées chez les récalcitrants pour ramener l'ordre et procéder, de force, à des levées d'hommes.

Dans les colonies où les habitants étaient trop peu nombreux pour fournir toute la main-d'œuvre nécessaire, des « volontaires » étrangers, souvent recrutés selon des modalités de travail forcé, réalisèrent les tâches, comme dans la colonie anglaise du Nigeria, ou en Afrique du Sud où une partie de la main-d'œuvre minière était fournie par le gouvernement portugais du Mozambique. Grâce à l'obligation au travail, édictée par le code du travail indigène de 1899, il y envoyait annuellement un contingent de travailleurs – jusqu'à 100 000 individus dans les années quarante – qui lui rapportait, avec un taux de change favorable, les « impôts de case » (un impôt payé par habitation) directement prélevés par les employeurs.

En Afrique du Sud même, dès la fin du XIXe siècle, la restriction des terres dans les réserves jointe à une forte croissance démographique allait forcer une partie des ruraux à s'engager chez les Blancs ainsi que dans les entreprises industrielles, en particulier dans les mines où était instituée une organisation du travail proche de la séquestration pénitentiaire, tant au point de vue matériel que juridique. Une barrière de couleur (*colour bar*) apparut précocement, et la division du travail s'instaura sur des bases raciales. Le maniement des machines était confié à une minorité d'ouvriers qualifiés, dont beaucoup s'étaient formés dans les mines d'étain de Cornouailles et d'Angleterre. Les tâches de surveillance et de contrôle étaient assumées par des Sud-Africains blancs ; au bas de l'échelle, les Africains formaient la masse des mineurs non qualifiés. Les Blancs touchaient en moyenne un salaire dix fois plus élevé que celui des Noirs. Cette situation s'étendit bientôt à l'ensemble du secteur industriel.

Nombre de colonisateurs justifièrent l'emploi du travail forcé par la nécessité de civiliser les Africains. « Aucun peuple n'a pu s'élever en ignorant la loi du travail » dira Félix Éboué à la conférence de Brazzaville le 2 février 1944. Il se prononcera avec fermeté pour l'obligation au travail « dans l'intérêt même de l'indigène », mais en préconisant, en contrepartie, « la répression impitoyable de toute brutalité et tous abus ».

L'utilisation excessive des Africains, les mauvais traitements infligés aux travailleurs par les compagnies concessionnaires au Congo français ou dans les colonies portugaises suscitèrent des campagnes d'opinion en Europe dès le début du XXe siècle, pour dénoncer ces nouvelles formes d'esclavage caché. Ainsi, le socialiste Paul Louis, en 1905, publia un pamphlet dont le titre, *Le Colonialisme*, devait faire long feu. Pendant l'entre-deux-guerres, en dépit d'un embryon de législation du travail édicté dans les colonies françaises à partir de 1925, les conditions faites aux travailleurs étaient très dures. Les porteurs et les manœuvres étaient « engagés » pour un temps variable, théoriquement six mois. Toutefois, les trajets aller et retour, effectués souvent à pied entre les lieux d'origine et ceux du travail, pouvaient en augmenter la durée de 50 à 70 jours. Les transports de main-d'œuvre par camion ne débuteront que vers 1930. Les mauvaises conditions de travail et de vie sur les chantiers ou pendant les déplacements provoquaient des maladies et une mortalité plus élevée que la normale. La ration était généralement insuffisante ; les carences alimentaires provoquaient des maladies ; les épidémies s'y propageaient plus rapidement qu'ailleurs. Cette situation particulièrement désastreuse lors de la construction du chemin de fer du Congo-Océan (achevé en 1934) fut dénoncée, entre autres, par André Gide et Albert Londres. Ce dernier montra, dans une série de reportages regroupés dans *Terre d'ébène*, la manière dont étaient traitées les populations de l'Afrique française : « On agit comme s'ils étaient des bœufs. »

En fait, le Bureau international du travail ne prit ouvertement position contre le travail forcé dans les colonies qu'en 1930, sans que pour autant celui-ci disparaisse. En France, la ratification de cette recommandation par le Front populaire, en 1937, ne fut pas appliquée. Bien plus, l'effort de guerre intensifia la demande de main-d'œuvre.

Dénoncé par les Africains et par une partie des opinions métropolitaines, « cet esclavage déguisé qu'est le travail forcé », pour reprendre les paroles de Félix Houphouët-Boigny, sera aboli en France le 11 avril 1946 par la loi qui porte son nom. Un code du travail, destiné à normaliser les rapports entre employeurs et salariés, est promulgué en 1952, mais son application n'est que partiellement réalisée au moment des indépendances.

« La colonisation a exploité l'Afrique. »

La prise de possession n'est, toutefois, qu'un premier acte. [...] On n'en est encore, en ce qui concerne la plupart [des territoires], qu'à la période d'exploration ou à celle de la cueillette : c'est le cas notamment de toute l'Afrique sauf en des points très restreints, quelques étroites bandes de la périphérie de ce continent. La colonisation sera, à coup sûr, la principale œuvre du XXe siècle.

Pierre Leroy-Beaulieu, ***De la colonisation chez les peuples modernes,*** **1902**

Les promoteurs de la colonisation, à l'instar de Jules Ferry ou de Pierre Leroy-Beaulieu, ne cachaient pas que la possession de territoires avait pour but d'en tirer des profits, même s'ils se donnaient « bonne conscience » – pour reprendre l'expression de l'historien Henri Brunschwig – en affirmant leur apporter la civilisation. L'exploitation, appelée « mise en valeur coloniale » après la Première Guerre mondiale, reposait sur quelques bases : les colonies devaient fournir des matières premières aux métropoles, leur acheter des objets manufacturés, et ne rien leur coûter. La réussite du projet impliquait la participation des populations, qu'il fallait transformer, de ce fait, en producteurs-consommateurs-contribuables, ainsi qu'en travailleurs comme nous l'avons vu précédemment.

L'exploitation économique de l'Afrique privilégia donc les échanges. Le commerce intérieur, assuré jusqu'alors par des « traitants », autochtones ou étrangers, dut se reconvertir et s'intégrer aux conditions nouvelles de la dépendance. Les exportations visaient principalement à satisfaire les besoins des industries métropolitaines. Les richesses minières, dont aucune prospection systématique ne fut d'ailleurs effectuée avant les indépendances, étaient exploitées seulement dans quelques territoires : le cuivre au Congo belge, l'or et les diamants en Afrique australe britannique, l'or en *Gold Coast* (actuel Ghana), le fer et les phosphates en Algérie, les phosphates en Tunisie, etc. Ailleurs, les produits exportés provenaient du sol. Les colons, nombreux dans les régions tempérées du Maghreb et de l'Afrique du Sud, et en Afrique orientale britannique bénéficiaient des meilleures terres au détriment des autochtones. Au Kenya, par exemple, ces derniers, cantonnés dans des réserves dont les surfaces cultivables étaient trop exiguës, étaient incités à aller s'employer comme salariés dans les vastes plantations des colons qui s'étaient réservé la culture du café.

Les conditions étaient différentes dans la plus grande partie de l'Afrique intertropicale, où les tentatives de colonisation agricole des Européens aboutirent à des échecs, sauf dans quelques colonies portugaises. Dans les territoires concédés à des compagnies privées, comme au Congo français à la fin du XIXe siècle, les habitants furent contraints de livrer des quantités énormes de caoutchouc de cueillette, qui aboutirent à l'épuisement des lianes, dans le cadre d'une « économie de pillage », selon la formule de l'historienne Catherine Coquery-Vidrovitch. Ailleurs, les agriculteurs africains devaient produire à la fois des cultures vivrières et d'exportation, avec une spécialisation : arachide au Sénégal et au Soudan français, produits du palmier à huile dans les régions françaises du golfe du Bénin ou des Rivières de l'huile anglaises (Nigeria actuel), cacao introduit à la fin du XIXe siècle en *Gold Coast* (actuel Ghana) et un peu plus tard en Côte d'Ivoire française, où le café ne prend le relais qu'à partir de la Seconde Guerre mondiale, etc. La production de ces cultures dites « de rente », provoqua la demande de migrants temporaires tels les « navétanes » employés par les producteurs d'arachide sénégalais, ou les saisonniers mieux rémunérés par les planteurs africains de *Gold Coast* ou de Nigeria. Les autorités françaises, inquiètes de voir leurs propres territoires manquer de main-d'œuvre, édictèrent des mesures restreignant les sorties de travailleurs vers les colonies étrangères.

Des firmes commerciales, dont la plupart avaient leur siège social en Europe, achetaient la production des cultivateurs locaux à des prix fixés en fonction des cours mondiaux plus que de la conjoncture locale. « L'économie de traite », selon l'expression devenue classique du géographe Jean Dresch, était sensible aux fluctuations internationales, et la crise des années trente, en particulier, mit en relief la fragilité des échanges déséquilibrés. Les revenus tirés de la vente de leur production permettaient aux populations de se procurer des marchandises manufacturées, importées par les mêmes sociétés commerciales. Il s'agissait surtout de biens de consommation : tissus, alcools, produits alimentaires (sucre, lait concentré et condensé, farine, riz), etc. Quant aux biens d'équipement, minoritaires jusqu'aux années cinquante, ils étaient surtout consacrés aux secteurs d'activité liés à l'extraversion économique, en particulier aux transports et à l'équipement portuaire.

Les populations devaient également utiliser une partie de leurs ressources pour s'acquitter de l'impôt. Les colonies, nous l'avons dit, devaient se suffire à elles-mêmes sur le plan financier, principe qui prévalait dans tous les empires. Elles devaient assumer leur propre fonctionnement ainsi que leur équipement. Le financement des investissements dépendait donc des revenus fiscaux et parfois, du côté français, d'emprunts dont les budgets locaux devaient payer les intérêts et rembourser le capital.

Avec la Seconde Guerre mondiale, la situation allait se modifier dans les colonies britanniques où les *Colonial Development and Welfare Acts* entreprirent d'améliorer les infrastructures, alors que du côté français, le FIDES (Fonds d'investissement et de développement économique et social) fut créé en 1946. Les crédits étaient alors fournis sous forme de prêts, de subventions et de dons aux gouvernements coloniaux locaux. Mais les recettes locales contribuèrent elles aussi au financement des plans, dans des proportions variables selon les territoires : 36 % en 1954 pour l'Afrique du Nord, et 28 % en moyenne pour l'Afrique noire française.

L'impôt, qui alimentait les budgets locaux, était présenté non comme un tribut mais comme une contribution des populations à la mise en valeur de leur territoire. Le gouvernement britannique pratiquait de préférence une taxation indirecte élevée sur les importations, dont la contrainte était ressentie moins directement par les habitants, sans pour autant refuser toute imposition directe. La création d'une taxe de case au Sierra Leone avait entraîné, en effet, des contestations connues sous le nom de *Hut Tax War* (1898). Lorsqu'en 1914, le gouverneur Lugard décida de tenter l'expérience dans trois districts du Sud-Nigeria, il souleva également des protestations de la part des populations concernées. Aussi, l'extension de ce mode de taxation n'eut-elle lieu que dans l'entre-deux-guerres. En revanche, il avait été imposé plus précocement en Afrique orientale britannique où les Africains du Kenya payèrent un impôt de case, puis une capitation en 1903. Les Français, pour leur part, adoptèrent à la fois une fiscalité directe et indirecte, surtout en Afrique noire, où le produit de la dernière alimentait les budgets du gouvernement général de l'Afrique occidentale française (AOF) puis de l'Afrique équatoriale française (AEF). Ici aussi, la taxation frappait les importations pour ne pas pénaliser les utilisateurs métropolitains en augmentant le prix de revient des matières premières coloniales. Les habitants de ces colonies subissaient donc les effets d'une fiscalité pesant avant tout sur les biens de consommation, en particulier sur les tissus et les alcools lourdement grevés, disait-on, pour lutter contre l'alcoolisme. Les populations devaient également supporter la capitation, ou impôt personnel, imposée à des dates différentes selon les territoires, au tournant du XXe siècle. Elle s'étendit progressivement à tous les habitants de plus de huit ans puis de dix ans, avec des taux fixés par zones en fonction de leur richesse présumée et des revenus potentiels que pouvaient en tirer les habitants. Les recensements étaient peu rigoureux et le montant de l'impôt, déterminé plus ou moins arbitrairement, était affecté à chaque village, sous la responsabilité de son chef, auquel incombaient la répartition et la collecte en échange d'un petit pourcentage sur les sommes réunies. Les habitants des colonies portugaises devaient également s'acquitter d'une taxe de case qui fut créée d'abord en Angola en 1907.

L'impôt pesait diversement sur les populations. À l'origine, il s'élevait théoriquement à 2 ou 3 journées de travail pour un ouvrier qualifié, 5 pour un porteur et 12 à 13 pour un manœuvre employé à des travaux de terrassement. Pour les agriculteurs, qui constituaient une forte majorité de la population totale, la valeur d'une cote correspondait à celle de 2 kg de noix de cola en Guinée, à environ 10 kg d'huile de palme sur la côte du golfe de Guinée et en AEF, et à plus de 20 kg d'arachides au Sénégal ou au Soudan français. Il fallait trouver des ressources monétaires pour s'acquitter des cotes : produire plus, s'engager comme travailleur salarié.

La Première Guerre mondiale, puis la crise économique des années trente, et enfin la Seconde Guerre entraînèrent un « repli » des métropoles sur leurs empires respectifs, et l'alourdissement des charges, d'autant plus que pendant les conflits furent levés des contingents militaires. L'extraversion économique des colonies au profit de la métropole fut renforcée, sans que soient diversifiés les secteurs d'activité.

L'exploitation était durement ressentie par les Africains, dont la majorité n'avait pas de droits politiques. Ils étaient de surcroît régis par l'indigénat, régime qui attribuait à l'administrateur des pouvoirs judiciaires, alors que les colons et coloniaux étaient dotés de la citoyenneté et des avantages qui en découlaient.

« Les Africains ont profité de l'œuvre coloniale. »

Pauvre humanité noire ! Ayons au moins la franchise d'avouer que si nous prenons tant de soin de toi, c'est parce que tu nous parais constituer une inépuisable réserve de main-d'œuvre...

Charles Régismanset, *Questions coloniales*, 1912

« La colonisation a apporté aux populations africaines des routes, des chemins de fer, des hôpitaux, des écoles... » Cette idée courante sert, à l'occasion, d'argument pour qui désire justifier le poids de la domination coloniale. Pour sa part, l'historien, dont la vocation n'est pas de juger les aspects « positifs » ou « négatifs » d'un phénomène historique complexe, se borne à mettre au jour les éléments susceptibles d'en éclairer les circonstances et la portée, en se limitant ici à l'Afrique française.

La conquête puis l'exploitation des territoires n'étaient possibles qu'avec des voies de communication et des moyens de transport efficaces pour répondre aux besoins de l'administration et du commerce. Furent donc construits des « chemins de fer de pénétration » : chaque colonie était dotée d'une, voire de deux lignes partant du port principal vers l'intérieur afin de drainer les produits d'exportation et, à l'inverse, de répartir les marchandises importées. Des routes assuraient les liaisons entre les stations de la voie ferrée et le reste du territoire. Le financement fut assuré par le budget local et/ou par des emprunts à sa charge, généralement aux moindres frais, et en utilisant souvent une main-d'œuvre recrutée selon les modalités du travail forcé, tant pour la construction du rail que pour celle des grandes routes. Les voies menant aux villages étaient entretenues par leurs habitants dans le cadre des prestations, mais ces dernières furent parfois détournées de leur but par des administrateurs qui faisaient construire des routes avec des crédits dérisoires, en recourant aux prestataires sans les rémunérer autrement que par une ration en vivres. L'équipement était donc réduit au minimum, avec des écarts entre les colonies et entre les régions. Ainsi, Dakar possédait le seul port moderne de l'Afrique française. Pendant la Seconde Guerre mondiale, l'AEF, ralliée à la France libre, put rattraper une partie de son retard afin d'assurer la livraison de ses produits aux alliés. Par la suite, des améliorations furent apportées aux transports dans tous les territoires mais sans remettre en cause leur finalité. Ainsi, la Côte d'Ivoire bénéficia d'un port en eau profonde à Abidjan seulement à partir de 1950. Celui du Dahomey (actuel Bénin), à Cotonou, ne fut construit qu'après l'indépendance.

Dans le domaine de la santé, les réalisations publiques et privées, comme celles des missions chrétiennes, furent d'abord limitées aux lieux où résidaient de nombreux métropolitains : par exemple, Tunis, à la veille de la Première Guerre mondiale, avait 4 hôpitaux et un Institut Pasteur, mais il n'existait que quelques dispensaires et infirmeries dans le reste de la Tunisie. De même, en Afrique noire, l'Assistance médicale gratuite installa des hôpitaux ou des dispensaires dans les grandes agglomérations, alors que les petits centres ne possédaient que des infirmeries visitées par les médecins dans le cadre de tournées plus ou moins régulières. Des dispositions rigoureuses furent prises pour empêcher la propagation des épidémies, surtout de la fièvre jaune qui faisait périodiquement des ravages. Des campagnes de vaccination furent menées contre la variole. Pourtant, ces mesures n'eurent que des effets limités, car elles ne touchaient qu'un nombre restreint de personnes, faute de moyens. Il fallut attendre l'entre-deux-guerres pour que soient développées les actions médicales dans le cadre de la mise en valeur coloniale, telle que la définissait Albert Sarraut dans son ouvrage *La Mise en valeur des colonies françaises*, publié en 1923. Il s'agissait de promouvoir une main-d'œuvre abondante et valide, ce qu'exprimait clairement le Dr Spire, alors médecin général du Dahomey en s'adressant aux habitants de la colonie, en 1921 : « Le Blanc a besoin d'huile de palme et le palmier ne pousse pas dans son pays trop froid. Il a besoin de coton, de maïs, etc. Si tu meurs, qui montera au palmier, qui fera l'huile, qui la portera dans les factoreries ? L'administration a besoin de l'impôt. Si tes enfants ne vivent pas, qui le payera ? Et c'est pourquoi elle dépense de l'argent pour faire venir ses médecins, pour louer des génisses qui doivent donner le vaccin. Comme tu plantes une graine de maïs pour récolter de nombreux épis, le gouvernement dépense un peu, pour récolter un impôt d'autant plus important qu'il y aura plus d'habitants. »

La lutte contre les maladies endémiques fut développée. Ainsi, le Dr Eugène Jamot (1879-1937), médecin des troupes coloniales, s'attacha d'abord à lutter contre la maladie du sommeil (trypanosomiase) en AEF et au Cameroun, avant d'être nommé à la tête du service de prophylaxie créé en AOF en 1931, au sein duquel il organisa des équipes médicales mobiles pour dépister, vacciner et assurer le suivi des malades. Malgré les moyens insuffisants mis à la disposition des services de santé, la mortalité diminua tout en restant encore élevée : de 30 à 35 pour mille selon les colonies à la veille de la Seconde Guerre mondiale, elle se situait entre 25 et 35 pour mille au départ des indépendances.

Toutefois, le croît naturel tendit à augmenter, suscitant, à partir des années cinquante, un développement démographique accéléré.

Quant à la scolarisation, la construction d'écoles s'accrut, de même que les effectifs, mais les taux de scolarisation primaire, c'est-à-dire la part des élèves inscrits dans les écoles par rapport à la population en âge de les fréquenter, étaient faibles. Au début des années cinquante, ils avoisinaient les 10 à 12 % dans le Maghreb, et variaient dans les territoires français d'Afrique noire : estimés à environ 5 % en AOF et AEF, avec des différences appréciables selon les colonies, ils atteignaient 18 % au Togo, et près de 20 % au Cameroun, territoires sous tutelle confiés à la France par l'ONU, et plus de 23 % à Madagascar. Les proportions des élèves de l'enseignement secondaire, bien qu'en progrès, étaient infimes, et variaient d'un territoire à l'autre, tout comme le nombre et le niveau des établissements, le Sénégal, siège de la capitale fédérale de l'AOF, étant le mieux équipé. C'est également à Dakar que s'ouvrit, en 1950, un Institut des hautes études supérieures, transformé en université en 1957, la seule du genre en Afrique française, alors que la plupart des colonies britanniques en possédaient chacune une, implantée dès le lendemain de la Seconde Guerre mondiale, et qu'au Congo belge, l'Université de Lovanium avait été inaugurée en 1954. Ainsi, à la veille des indépendances, seule une minorité pouvait suivre un enseignement de niveau élevé, en Afrique même ou en France.

Les réalisations des infrastructures économiques et sociales présentaient donc des déséquilibres inhérents au projet colonial. Dès lors, l'accession à l'indépendance des territoires dominés apparaissait aux dirigeants africains et aux populations comme la seule solution pour pallier les inégalités.

L'AFRIQUE EST LE CONTINENT DE TOUS LES MALHEURS

« L'Afrique n'a pas surmonté les handicaps hérités de la colonisation. »

Porter en Afrique [...] le faible niveau de la production par habitant à celui que les pays industriels ont atteint, tel est l'objectif du développement économique le plus communément accepté. Ce qu'implique un tel passage devient alors d'une extrême importance sur le plan de l'exécution.

Commission économique pour l'Afrique, rapport sur le développement industriel, New York, 1963

En devenant indépendants, les nouveaux États africains héritaient d'une situation difficile car si le sous-développement ne se limitait pas aux seules colonies, ces dernières, en revanche, étaient toutes sous-développées.

À la fin des années cinquante, le continent rassemblait environ 7,5 % de la population mondiale, mais ne disposait que de 2 % du revenu national mondial. Le revenu moyen par habitant variait entre 80 et 85 $, avec des différences entre les territoires : en Afrique française par exemple, les 174 $ des Sénégalais, les 53 de leurs voisins mauritaniens, ou les 240 $ des Gabonais étaient bien inférieurs aux 740 dévolus aux Français. Le décalage était aussi important entre les 52 $ des Nigérians, les 152 des Ghanéens (ex *Gold Coast*) et les 780 des Britanniques. Il existait, de surcroît, des différences appréciables entre les régions et les catégories sociales.

Le plus grand nombre des Africains vivait de l'agriculture sous des formes diverses, et dans des proportions variables selon les pays, dépassant même les 90 % dans la zone soudano-sahélienne. Le secteur primaire constituait donc la part primordiale du PIB grâce aux matières premières végétales ou minérales selon les pays. L'industrie y avait une place minime, variant entre 3 et 15 % selon les territoires, exception faite de l'Afrique du Sud, où elle avoisinait les 25 %. En revanche, le tertiaire, en particulier les activités commerciales, était relativement hypertrophié par rapport aux efforts productifs. Les économies coloniales, qui dépendaient de l'extérieur pour leurs débouchés et leurs investissements, étaient sensibles aux fluctuations du marché mondial des matières premières et, de ce fait, se caractérisaient par un équilibre précaire.

Un critère important du sous-développement résidait également dans l'insuffisance alimentaire, dénoncée avant la Seconde Guerre mondiale par Josué de Castro en 1952, dans *Géopolitique de la faim.* Ce géographe, qui présidera la FAO de 1952 à 1956, situait la question à la fois au niveau des disponibilités caloriques et de l'apport en protéines animales. Les Africains absorbaient en moyenne moins des 2 500 calories journalières alors considérées comme le seuil de la sous-alimentation. Au Congo belge, avec moins de 2 000 calories, et en AOF avec 2 000 à 2 500, les habitants consommaient en moyenne moins de 10 grammes de protides par jour ; en Afrique du Nord, avec moins de 2 000 calories, ils disposaient de 10 à 20 grammes de protides, et en Afrique du Sud, avec 2 000 à 2 500 calories, ils avaient entre 20 et 30 grammes de protides. Les carences alimentaires diminuaient la résistance des individus devant la maladie. Certes, dans ce domaine aussi, la situation sociale constituait un paramètre discriminant. D'autres données, également analysées par le géographe Yves Lacoste dès 1959, définissaient aussi les pays sous-développés, comme l'état sanitaire défectueux, ou la faiblesse du niveau d'instruction que nous avons évoqués précédemment.

La fin de la domination coloniale devait permettre, dans l'esprit de ses promoteurs, de sortir du sous-développement en mettant au point une politique économique adéquate. Les pays africains choisirent parmi différentes options mais toutes accordaient un rôle moteur à l'État. Soit dans le cadre d'une planification étroitement dirigiste comme en Égypte puis en Algérie, qui mettait l'accent sur « l'industrialisation industrialisante » avec la primauté de l'industrie lourde. Soit dans une orientation plus libérale, comme en Côte d'Ivoire ou au Maroc, afin d'attirer des capitaux étrangers pour promouvoir des industries d'import-substitution. En Tanzanie, un « socialisme à l'africaine » institua la « villagisation », les réformes agraires étant censées financer l'industrialisation ultérieurement, sans recourir aux investissements extérieurs.

En dépit des efforts, les résultats ne furent pas à la mesure des besoins. Il n'était pas possible, en effet, compte tenu des moyens limités, de pallier le décalage entre une économie encore peu productive et un accroissement démographique accéléré. Les structures économiques changèrent peu, l'Afrique proposant toujours des matières premières et achetant des objets manufacturés. Cette situation inégalitaire était d'ailleurs favorisée par les accords successifs avec la Communauté puis l'Union européenne. La dépendance extérieure à l'égard des pays industrialisés fut donc maintenue, accrue par un endettement croissant, qui grevait des budgets déjà exsangues. La stabilité monétaire constituait toutefois un atout pour les pays francophones toujours intégrés dans la zone franc au sein de laquelle se perpétuait le CFA. Celui-ci avait été créé le 20 décembre 1945, avec une parité de 100 francs CFA pour 170 francs métropolitains, élevée en 1948 à 100 francs CFA pour 200 francs métropolitains (devenus 2 nouveaux francs français à partir de 1960). Il se maintint ainsi jusqu'à la dévaluation de janvier 1994, depuis laquelle 100 francs CFA valaient un franc français jusqu'au passage à l'euro. Toutefois, cette fixité n'avait pas la vocation de pallier les aléas conjoncturels.

Après les deux chocs pétroliers, qui favorisèrent les pays producteurs comme l'Algérie, le Congo, le Gabon ou le Nigeria, mais augmentèrent la note énergétique des autres, la baisse généralisée des prix des produits d'origine minérale et végétale, à partir du milieu de la décennie 1985, et le manque de compétitivité des produits africains sur les marchés mondiaux aggravèrent la situation. Malgré les aménagements de la dette sur le plan international, et les plans d'ajustement structurels imposés par les organisations de Bretton Woods, en contrepartie de l'octroi de nouveaux crédits, les États africains n'ont pu rattraper leur retard par rapport aux pays développés, et, pour certains d'entre eux, l'ont accentué. La comparaison du PIB par habitant en 2000-2001 que nous avons effectuée, en valeurs constantes, avec ceux de 1980 et de 1990 fait apparaître, en effet, des évolutions contrastées entre les pays :

– croissance soutenue : Bénin, Soudan ;
– croissance ralentie : Botswana, Burkina Faso, Lesotho, Tchad ;
– passage d'une croissance négative entre 1980-1990 à

une croissance positive pendant la décennie suivante : Côte d'Ivoire, Gabon, Ghana, Malawi, Mali, Mauritanie, Mozambique, Namibie ;
– passage d'une croissance positive en 1980-1990 à une croissance négative pendant la décennie suivante : Congo, Guinée Bissau, Sénégal, Swaziland, Zimbabwe ;
– des pays à baisse ralentie : République centrafricaine, République démocratique du Congo (ex Zaïre), Gambie, Madagascar, Niger, Rwanda, Sierra Leone, Afrique du Sud, Togo, Zambie ;
– des pays à baisse accentuée : Burundi, Cameroun, Kenya. (N.B. Des données lacunaires n'ont pas permis de comparer avec 1980, mais par rapport à 1990 : l'évolution est positive pour l'Angola et la Guinée équatoriale, et négative pour São Tomé et Príncipe.)

Dès lors, se pose la question des responsabilités. Certes, après la colonisation, la mondialisation a défavorisé les plus faibles parmi lesquels l'Afrique est largement présente, puisqu'en 2003, 23 de ses pays figuraient parmi les 25 ayant les plus bas revenus par habitant. Toutefois, la gestion patrimoniale des États par la quasi-totalité des dirigeants africains a contribué à pérenniser les critères du sous-développement. L'enrichissement personnel, les investissements dans des réalisations somptuaires ou de prestige ainsi que le gaspillage et la corruption, ont mobilisé des crédits importants qui auraient pu permettre d'opérer, au moins partiellement, des réformes structurelles d'ordre économique et social.

« L'Afrique est un continent violent. »

Johnny recrutait une flopée d'enfants-soldats. (Flopée signifie grande quantité.) Parce que les choses allaient de plus en plus mal, et les enfants-soldats vont bien quand tout va mal. Les enfants soldats étaient de plus en plus cruels. Ils tuaient leurs parents avant d'être acceptés. Et prouvaient par ce parricide qu'ils avaient tout abandonné, qu'ils n'avaient pas d'autre attache sur la terre, d'autre foyer que le clan à Johnny Koroma.

Ahmadou Kourouma, *Allah n'est pas obligé*, 2000

Guerres de conquête, « pacifications » et répressions coloniales, participation aux deux guerres mondiales, indépendances parfois arrachées de force : en l'espace d'un siècle et demi, l'Afrique a connu des formes de violence inhérentes à la domination extérieure. En outre, en Afrique du Sud, les mesures ségrégationnistes à l'égard de la population de couleur, systématisées avec la mise en place de l'apartheid en 1948, ont créé une situation troublée dans laquelle les émeutes, les emprisonnements et les sanctions sévères contre les militants noirs se sont succédés jusqu'à son abolition en 1992.

Les indépendances n'ont pourtant pas remis en cause le découpage imposé par les colonisateurs : en 1963, au sein de l'Organisation de l'unité africaine (OUA), les États contemporains ont proclamé « l'intangibilité des frontières », afin de maintenir la paix dans le continent. Et de fait, les conflits pour obtenir la rectification de ces limites territoriales ont été rares, par exemple entre le Mali et le Burkina Faso en

1974-1975, pour une région de 160 km^2, entre le Nigeria et le Cameroun en 1995-1996 à propos du Bakassi, territoire riche en pétrole, ou entre l'Éthiopie et l'Érythrée pour des questions frontalières en 1998, débouchant sur un accord en juin 2000. De même, la volonté du Maroc de conquérir l'ancienne colonie espagnole du Sahara occidental, symbolisée par la « marche verte » en octobre 1975, a initié une lutte avec le Front Polisario puis la République arabe sahraouie démocratique (RASD), proclamée l'année suivante, qui dure depuis trois décennies et n'est pas encore réglée à l'heure où nous écrivons.

Cependant, les situations conflictuelles se sont révélées plus nombreuses à l'intérieur des pays qu'entre voisins, à cause du découpage colonial qui n'avait pas tenu compte du contexte géopolitique africain. Certains peuples avaient été divisés entre plusieurs métropoles tandis qu'un même territoire pouvait regrouper des populations appartenant à des entités politiques différentes, parfois ennemies. Était-il possible, en quelques décennies, de forger des nations alors qu'il avait fallu des siècles aux pays européens pour y parvenir ? Les États issus de la colonisation se voulaient des nations, mais le drapeau, la devise, l'hymne dont ils se dotèrent ne suffisaient pas à développer le sentiment d'une appartenance commune, sinon à l'égard de l'étranger. Les dirigeants, craignant les forces centrifuges, s'appuyaient volontiers sur des bases régionales et/ou ethniques, ce qui pouvait léser les autres composantes de la population. Dans ces conditions, l'armée, qui constituait l'une des rares institutions transversales, et de surcroît était fortement structurée, opéra des coups d'État dans nombre de pays, le premier se situant au Togo en 1963. Les militaires installèrent des pouvoirs forts qu'ils assumaient seuls ou avec la collaboration de civils. Les autres contrées, où régnait une certaine stabilité politique, avaient évolué, elles aussi, vers des gouvernements autocratiques. Partout, le chef de l'État, appuyé par un parti unique, tenait une place prépondérante, et toute velléité de contestation était réprimée, parfois très durement comme le montraient les rapports d'*Amnesty International*, voire avec cruauté dans l'Ouganda d'Idi Amin Dada, ou dans l'empire centrafricain de Bokassa.

Pourtant, les oppositions se faisaient jour. Les rares projets sécessionnistes échouèrent devant les forces gouvernementales, comme au Nigeria avec la guerre du Biafra (1967-1970), ou au Sénégal, où les actions des indépendantistes de la Casamance se déroulèrent pendant 22 ans avant que soit signé un accord en 2004. Les luttes les plus nombreuses, qui engendrèrent parfois des guerres civiles, avaient pour but de prendre le pouvoir central, ce que les gouvernements menacés qualifiaient de rébellions. De telles pratiques se déroulèrent entre autres dans l'ex Congo belge dès le lendemain de son indépendance et trois décennies plus tard, au Tchad, au Congo-Brazzaville, en Sierra Leone, au Liberia, en Côte d'Ivoire, alors qu'au Soudan, la guerre civile dura 21 ans avant de déboucher sur un accord en 2005.

L'Afrique concentre-t-elle une part importante des conflits ? La proportion varie selon les années. En 2004-2005, par exemple, quatre de ses pays – Somalie, Soudan, République démocratique du Congo, Côte d'Ivoire – étaient en proie à des luttes armées sur un total de 14 dans le monde. Comme ailleurs, les troubles durent quelques mois, ou se prolongent plusieurs années, voire des décennies. Toutefois, des règlements pacifiques interviennent, par exemple entre l'Éthiopie et l'Érythrée en novembre 2004, alors qu'une guerre les avait opposées de 1998 à 2000, ou au Sénégal avec l'accord général de paix signé en décembre 2004 par le gouvernement avec le Mouvement des forces démocratiques de Casamance, mettant fin à vingt-deux années de guérilla. De plus, une déclaration adoptée par une Conférence interparlementaire africaine à Cotonou, le 3 juin 2004, prouve une volonté commune de régler la question des réfugiés dans le « respect des droits fondamentaux de l'Homme ».

Dès lors, comment se pérennise l'idée courante que le continent africain est plus violent que les autres ? La responsabilité en incombe en grande partie au traitement de l'information par les médias. L'étude systématique des évocations de l'Afrique à la télévision française dans les années soixante-dix et quatre-vingt, réalisée par Nathalie Monnot-Sanson (DEA de l'université Paris I), montre que sa présence était minime, aussi bien dans les journaux télévisés des grandes chaînes françaises que dans les magazines. Outre les sujets géographiques et animaliers qui en rassemblaient plus de la moitié, les autres thèmes évoquaient généralement des catastrophes, parmi lesquelles les luttes armées tenaient une place de choix. En revanche, la présentation des réussites était quasiment exceptionnelle.

Ces données se sont peu modifiées par la suite. Les guerres, qui constituent toujours une partie essentielle des mentions sur l'Afrique, sont encore qualifiées de « tribales », comme si cette expression suffisait à tout expliquer dans ce continent, alors qu'elle n'a jamais été employée pour des guerres civiles au Moyen Orient, dans les Balkans ou en Asie centrale. Montrer que les Africains ont, pour se battre, des intérêts autres qu'ethniques, régionalistes, ou

« tribaux » sort du cadre des idées reçues et semble peu séduire les journalistes. Images et commentaires se concentrent principalement sur des aspects propres à susciter l'émotion du téléspectateur. Il est d'abord touché par les malheurs – réels – des réfugiés et des victimes des combats, indigné – à juste titre – par les atrocités perpétrées pendant le génocide des Tutsi au Rwanda, ou lors les guerres civiles au Congo-Brazzaville et dans l'ex Zaïre, ou encore par les actes des enfants-soldats en Sierra Leone ou au Liberia. Comme si la barbarie n'avait pas existé ailleurs, dans l'ex-Yougoslavie par exemple, pour ne citer qu'un cas relativement récent !

« L'Afrique vit dans la pauvreté, sous la menace de la famine et de la maladie. »

La vraie et grande question qui commence à se poser est celle-ci : comment se fait-il qu'avec toutes les catastrophes qui leur tombent dessus, il y ait encore des Africains ? Ces 750 à 800 millions d'hommes, de femmes et d'enfants, pourquoi ne meurent-ils pas tous ? C'est que le malade est coriace [...]

Kofi Yamgnane, *Nous grandirons ensemble,* 2002

Parmi les trente-cinq pays de la planète ayant les plus bas PIB par habitant, à parité de pouvoir d'achat, vingt-cinq sont africains, soit près de la moitié des États du continent, y compris Madagascar et les Comores. Les résultats sont plus graves encore si l'on examine l'IDH (indicateur du dévelopement humain) calculé par le PNUD (Programme des Nations unies pour le développement) en pondérant, outre le PIB par habitant, l'espérance de vie à la naissance, le taux d'alphabétisation des adultes, et le taux brut de scolarisation, pour aboutir à un indice dont le maximum est l'unité. Celle-ci n'est d'ailleurs atteinte par aucun des 177 pays compris dans l'étude en 2002, le premier étant la Norvège avec 0,956. Or parmi les trente-cinq pays ayant les plus faibles résultats, trente-deux sont africains, soit 68 % du total de ses États. C'est donc bien le continent regroupant le plus grand nombre d'États pauvres.

Toutefois, des écarts importants peuvent être relevés. Pour nous limiter à l'exemple du Niger, avant-dernier de la liste que nous avons choisi de préférence au dernier, la Sierra Leone, où a longtemps sévi une guerre civile, ils sont de 1 à 2,7 avec la Libye, en tête des Africains, mais classée au 58e rang, de 1 à 2,4 avec l'Algérie (108e), de 1 à 2,3 avec l'Afrique du Sud (119e), de 1 à 1,7 avec le Cameroun (141e) et le Togo (143e), et, à titre de comparaison, de 1 à 3,2 avec la France (16e). Soulignons que des différences appréciables, difficiles à évaluer, existent aussi dans chaque pays entre les diverses catégories sociales. Pourtant, dans la durée, l'IDH s'améliore même si l'espérance de vie à la naissance a régressé à partir des années quatre-vingt-dix, qui marquent, à cet égard, un renversement de tendance. De 48 ans pour les hommes et 51 pour les femmes en 1980, elle s'élève respectivement à 51 et 54 ans en 1990, mais n'est plus que de 50 et 52 ans en 2004, avec des différences sensibles selon les pays. L'Afrique du Sud est particulièrement touchée, avec une diminution entre 1990 et 2004 de 56 à 44 ans pour les hommes, et 64 à 47 pour les femmes, alors qu'elle avait augmenté jusqu'alors.

Des paramètres différents de ceux de l'IDH pourraient être pris en compte pour estimer le niveau de vie des populations comme le taux de mortalité infantile. Il a sensiblement baissé en un quart de siècle tout en restant élevé, passant de 115 pour 1 000 en 1980, à 96 en 1990 et 79 en 2004 (alors que la moyenne mondiale est de 57 et celle de l'Europe, inférieure à 10). De même, la possibilité d'avoir de l'eau potable s'est améliorée, tout en restant encore limitée à 42 % des Africains en moyenne en 1985, à 58 % en 1990, et à 64 % en 2002. On pourrait également évoquer l'accès à des installations sanitaires, à l'énergie, aux communications, etc. Toutefois, les facteurs qui étayent les jugements courants sur l'Afrique concernent avant tout les questions alimentaires et la santé, avec le spectre de la famine et celui du VIH/sida.

De longue date, certaines régions d'Afrique ont connu des famines et disettes liées à des phénomènes climatiques ou à d'autres calamités comme des invasions de criquets, ce qu'a bien montré Monique Chastanet, en 1982, pour des villages soninké de l'ouest africain. Pendant la période coloniale, la Haute-Volta (actuel Burkina Faso) a connu une forte sécheresse en 1913 suivie d'une famine l'année suivante, situation qui s'est répétée en 1931. Le Niger, pour sa part, a été frappé par une famine sévère et prolongée en 1941-1943. D'autres cas pourraient être cités. Depuis les indépendances, les difficultés alimentaires augmentent car à la précarité provenant des conditions naturelles s'ajoutent l'usure des sols inhérente à la pression démographique, la désertification liée à une utilisation accrue des forêts, sans négliger les déprédations dues aux guerres. De graves crises ont ainsi marqué les pays du Sahel, touchés par la sécheresse entre 1969 et 1974, de même que l'Éthiopie à plusieurs reprises (1973-1974, 1978, 1984, 1997, 2000), le Soudan en 1994, la Somalie (1992, 1999), le Niger (novembre 2005), etc.

La famine est volontiers utilisée pour sensibiliser l'opinion dans les pays du Nord avec des slogans comme « Du riz pour la Somalie » en 1999. Elle est censée attirer l'attention à l'instar de cette conférence-débat organisée au CNAM (Conservatoire national des arts et métiers), le 27 avril 2003, par les « Dimanches de la vie », sous le titre : « Une famine s'annonce en Afrique, quelles réactions ? Quelles possibilités d'intervention ? ». Cet énoncé alarmiste et réducteur – « une famine » – est significatif de la manière dont s'entretiennent les confusions entre sous-alimentation, malnutrition, famine et disette.

Alors que ces dernières procèdent de situations conjoncturelles qui demandent des mesures d'urgence – ce sera le cas dans vingt-trois pays africains en décembre 2004 – les autres proviennent de causes structurelles, qui requièrent la mise en œuvre de réformes approfondies dans les pays concernés, et une révision des objectifs de l'aide internationale au développement. En fait, la séance animée par Bernard Kouchner, à laquelle participaient des spécialistes reconnus, montrait que la situation alimentaire et sanitaire était préoccupante pour le présent et l'avenir, mais que, selon le géographe Yves Lacoste, il fallait « nuancer le catastrophisme pour l'Afrique ». L'amalgame n'aboutissait-il pas à la désinformation ?

Certains pays, en effet, parviennent à une autosuffisance alimentaire : par exemple, en Éthiopie, les cultures se sont étendues récemment grâce à la régénération des terres. En Tanzanie et au Kenya, où de bonnes récoltes ont eu lieu dans les premières années de notre siècle, les autorités avaient proposé à la Zambie – qui refusait les aides en produits OGM – de lui envoyer du maïs blanc naturel, en 2002. Depuis, cette dernière a eu des excédents céréaliers, qu'elle a exportés vers plusieurs régions d'Afrique australe. D'autres États, en revanche, pour parvenir à cette autosuffisance, se sont prononcés en faveur de l'introduction des OGM dans leur agriculture, comme le Burkina Faso, le Ghana, le Mali et le Niger, lors d'une conférence réunie à Ouagadougou en juin 2004, à l'initiative des gouvernements burkinabé et américain. Pour leur part, les organisations de la société civile n'ont pas cessé de prôner la prudence, renouvelant leur prise de position lors d'un séminaire qui réunissait les délégués de 19 pays africains et de 4 non africains (Canada, Espagne, Pays-

Bas, Royaume-Uni), et qui s'acheva par la déclaration de Nairobi de septembre 2005 : [Nous] « rejetons toutes tentatives de déversement des OGM sur l'Afrique sous forme d'aide alimentaire, de programmes de recherche et d'implantations commerciales. Nous croyons qu'une distribution équitable et juste des vivres produits localement constitue la réponse à beaucoup de nos problèmes de faim ». Ils demandaient donc aux gouvernements de développer un système législatif à tolérance zéro pour les OGM.

Quoi qu'il en soit, la fragilité des êtres humains confrontés à des carences alimentaires se révèle pleinement face à la maladie. Dans ce domaine, le VIH/sida est considéré comme le fléau majeur, car l'Afrique rassemble près de deux tiers des infections constatées dans le monde à la fin de 2005. Les conséquences sont graves et obligent, comme l'écrit l'anthropologue Laurent Vidal en 2006 « à penser à de nouvelles configurations familiales [...] lesquelles suggèrent elles-mêmes des rapports nouveaux à la santé, au travail et à l'éducation ». C'est-à-dire, pour nombre de sociétés, à définir des priorités entre l'alimentation, la scolarisation, le recours aux soins. En outre, la tuberculose a connu une recrudescence du fait du sida. Toutefois, comme le paludisme est la première cause de mortalité sur le continent – il tuerait un enfant sur vingt avant l'âge de 5 ans – des programmes de lutte contre cette maladie se sont développés depuis les années quatre-vingt-dix sous l'action de l'OMS, avec l'élaboration de programmes nationaux, et la réaffirmation de leur engagement en 2000 par 44 chefs d'État réunis à Abuja, au Nigeria. Mais les services de santé sont insuffisants pour assumer toutes les tâches qui leur incombent. En fait, les budgets publics de santé sont faibles, les équipements souvent vétustes, la répartition du personnel déséquilibrée en faveur des grands centres, etc. Le secteur privé est diversement présent selon les pays, et le système de financement communautaire mis en place dans quelques régions ne concerne que des groupes limités. Aussi, la part des individus ayant accès aux services de santé a peu augmenté, en passant de 61 % en 1985 à 66 % en 1991 et 67 % en moyenne pendant la décennie suivante.

La perspective d'accéder aux médicaments génériques est devenue plus proche depuis l'accord signé en Afrique du Sud, le 9 décembre 2003, entre les firmes pharmaceutiques et les militants antisida, admettant la possibilité d'en produire sur place et de les exporter dans les 47 autres pays de l'Afrique subsaharienne. De plus, nombre de pays tentent de pallier la faiblesse des moyens thérapeutiques en développant la prévention par l'information de façon variée. À l'aide de panneaux installés sur les routes au Mali, ou bien en plaçant au dos des cahiers des élèves tchadiens, la « lettre d'un grand frère » au titre évocateur : « Gars, ne gâche pas ton année avec le SIDA ». Signé par le ministre de la Santé publique, ce texte informe, conseille et conclut : « Cher(e) jeune, je sais que tu aimes la vie. Ta vie compte pour toi-même et pour ta famille. Elle est chère à la nation. Protège-toi contre le SIDA. Moi ton grand frère, je ne peux rien te cacher. Le SIDA existe vraiment et il fait des ravages. Pour ne pas gâcher ton année scolaire, évite le SIDA. » La prise de conscience inhérente à une volonté politique est parvenue, en Angola, au Sénégal, au Mali ou au Tchad à freiner l'extension du SIDA.

Mais en dépit de quelques améliorations, les situations restent précaires, essentiellement à cause du manque de moyens mis en œuvre au regard des besoins.

« Les Africains ne sont pas mûrs pour la démocratie. »

La brusque introduction sans aucun apprentissage préalable d'un système démocratique de type occidental reposant en théorie sur la liberté complète de l'individu et l'égalité des citoyens a été jugée prématurée par beaucoup d'observateurs impartiaux, connaissant les organisations sociales très nuancées, en général plus ou moins stratifiées, qui existent dans ces pays.

Henri Labouret, *Colonisation, colonialisme, décolonisation*, 1952

Les experts coloniaux, même parmi les plus éclairés comme Henri Labouret, considéraient que la démocratie était « prématurée » pour les Africains. L'idée s'est pérennisée après les indépendances et elle est encore présente de nos jours chez nombre d'hommes politiques et intellectuels, y compris africains. Or ce jugement de valeur est entièrement subjectif, car si la démocratie comporte une définition dans n'importe quel dictionnaire, aucun critère n'est proposé pour évaluer le degré de maturité d'un peuple. Dès lors, la nécessité de passer par un apprentissage préalable, telle qu'elle est évoquée plus haut et parfois réaffirmée aujourd'hui, apparaît comme un argument dilatoire pour légitimer la domination et le paternalisme sous la colonisation, ainsi que l'encadrement autoritaire dans les États qui lui ont succédé.

De même, la mise en doute du bien-fondé de l'universalité du système démocratique « qui ne doit pas s'exporter », dit-on, tend à contester aux Africains leur aspiration aux libertés et à l'État de droit, et à les renvoyer à leurs coutumes « démocratiques » ancestrales. Celles-ci seraient fondées sur la palabre en vue d'aboutir à un consensus, affirmation qu'exprime, entre autres personnalités, Michel Rocard dans *Un couple inséparable*, film tourné en 2005 par Jean-Michel Djian sur les rapports entre la France et l'Afrique. Il s'agit là non seulement de la généralisation à toute l'Afrique de certaines pratiques, mais encore d'une présentation discutable. « Palabre », mot d'origine étrangère à l'Afrique, fut d'abord utilisé par les Européens pour qualifier leurs relations avec les souverains africains. L'expression a pris plus tard le sens de discussions interminables entre Africains, qui se passeraient sous « l'arbre à palabres », où ils étaient censés se réunir pour régler des problèmes. Outre le fait que d'autres lieux pouvaient être choisis à cet effet, qualifier ces débats de « palabres » s'avère péjoratif, dans la mesure où le terme en minimise la portée. Quant à la recherche du consensus, dans les sociétés qui la pratiquaient, elle ne s'opérait qu'au sein de groupes dotés de certaines compétences, et non dans la masse de la population qui devait se plier aux décisions sans y participer. Parler de formes « démocratiques » anciennes apparaît donc comme un abus de langage.

Devenus indépendants, les États africains se sont orientés vers des régimes autoritaires. Le plus souvent appuyés sur un parti unique et ses corollaires pour encadrer les diverses catégories sociales (jeunes, femmes, syndicats, etc.), ils ne laissaient aucune place à la libre expression politique, les contestataires étant réprimés sévèrement par des sanctions pouvant aller jusqu'à des exécutions sommaires. Les élections, lorsqu'elles avaient lieu, n'étaient que des simulacres, et là où les institutions parlementaires étaient conservées, elles avaient été vidées de leurs compétences au profit du chef de l'État et des instances du parti unique. Les opposants se taisaient ou s'enfuyaient, tentant parfois d'organiser une résistance à partir de l'étranger.

Pourtant, au tournant des années quatre-vingt-dix, un processus de démocratisation se développa dans de nombreux pays, dans un contexte international marqué par la chute du mur de Berlin, et par l'effondrement du communisme en Europe centrale et orientale. En outre, les institutions financières internationales avaient engagé les États désireux d'appliquer un plan d'ajustement structurel (PAS) à pratiquer une bonne gouvernance. Ce mouvement, enclenché à la suite des manifestations du 4 octobre 1988 en Algérie, et à la fin de 1989 en Afrique subsaharienne, s'accéléra pendant les deux années qui suivirent. Dans un discours à La Baule, en juin 1990, le président Mitterrand engagea les États francophones à emprunter cette voie. Les pays africains qui s'étaient proclamés « marxistes-léninistes » renoncèrent à leur option idéologique comme le Mozambique (juillet 1989), l'Angola (mai 1991), le Congo ou le Bénin. En mai 1992, les représentants de 42 pays africains réunis à Dakar, adoptèrent une déclaration affirmant « solennellement qu'il n'y a de démocratie qu'universelle », et que les gouvernements devaient assurer le passage à la démocratie.

La lutte en faveur de la démocratie fut souvent initiée par des revendications sociales qui se politisèrent par la suite. Les jeunes, notamment les lycéens et les étudiants, se montrèrent les plus actifs dans les manifestations, ne craignant pas de déclencher des grèves, voire des émeutes. Cependant, la contestation prit volontiers un tour légaliste, qui consistait à réclamer la tenue de « conférences nationales » auxquelles devaient participer des représentants des partis politiques, des associations, des groupements religieux, des collectivités locales. Ce mode de consultation se déroula dans plusieurs pays d'Afrique, entre 1990 et 1992. Dans quelques pays, les autorités ecclésiastiques présidèrent les travaux : Mgr de Souza, au Bénin, Mgr Kombo au Congo, Mgr Mvé au Gabon, Mgr Sanouko Kpodzro au Togo, Mgr Mossengo dans l'ex-Zaïre. Des conférences se tinrent également au Niger, à Madagascar, au Tchad, etc. En revanche, le président du Kenya, Daniel Arap Moi, refusa d'en convoquer une.

De nouvelles constitutions furent élaborées et soumises à référendum. Le Parti unique fut abandonné, des élections libres et pluralistes organisées, les libertés restaurées, en particulier celle d'expression. Une floraison de journaux apparut, contenant des caricatures, des tribunes de libre expression, tranchant avec la censure et l'autocensure qui avaient jusqu'alors cantonné les médias dans la diffusion des informations officielles. Le syndicalisme devint autonome et cessa d'être inféodé à l'État.

Pourtant, si l'institutionnalisation a été menée rapidement, la mise en œuvre est plus lente. En outre, la démocratisation a évolué différemment, se bornant parfois à l'instauration du multipartisme sans que les dirigeants renoncent pour autant à des pratiques autoritaires visant à conforter leur pouvoir, par exemple Houphouët-Boigny en Côte d'Ivoire. Au Togo, le processus a été arrêté de façon violente, lorsque le président Éyadéma a recouru à l'aide de l'armée encadrée par des officiers français pour se maintenir en place. Il a même dégénéré en guerre civile au Zaïre, et dans plusieurs pays où il se déroulait dans un contexte de tensions ethniques ou régionalistes comme au Rwanda, en Ouganda, au Niger ou au Liberia. Pourtant, dans un certain nombre d'États comme le Bénin, le Mali, ou le Botswana, l'évolution s'est poursuivie dans le sens d'une normalisation de l'État de droit. De même le Liberia, longtemps en proie à la guerre civile, a élu la première femme africaine chef d'État, Ellen Johnson Sirleaf, en février 2006.

L'application d'une bonne gouvernance a entraîné la dénonciation des pratiques de corruption et de clientélisme qui faussent le jeu démocratique. Cet état de fait, qui était de notoriété publique, a longtemps été occulté, voire nié par les hommes au pouvoir, qui en profitaient largement. Il est désormais dénoncé. Ainsi, la Banque africaine de développement, dans son rapport de 2005, constate son omniprésence « à tous les niveaux, des grosses sommes versées au sommet de la hiérarchie à la pièce glissée aux fonctionnaires locaux en échange d'un service ou pour se soustraire à la réglementation » (p. 199).

Pour la combattre, les États participant au sommet de l'Union africaine à Maputo, en juillet 2003, ont adopté une convention sur la prévention et la lutte contre la corruption. Il s'agit là d'opérer une transformation radicale des habitudes à l'intérieur des pays et dans leurs relations avec l'étranger, qui participent parfois à la grande corruption. Quant à celle du quotidien, sa réussite dépend non seulement de la volonté politique, mais aussi de la capacité pour chaque État de rémunérer ses agents, afin qu'ils ne se remboursent pas sur leurs administrés.

Il n'existe donc pas, selon une affirmation courante, une « démocratie à l'africaine » présentant des traits spécifiques, mais des pays appliquant de différentes façons, et plus ou moins rigoureusement, des pratiques liées à l'idée démocratique et à l'État de droit.

UN CONTINENT À LA MARGE DU MONDE ?

L'Afrique française

Intégrée dans l'empire colonial français, puis dans l'Union française à partir de 1946, l'Afrique française était alors composée d'éléments diversifiés :

– L'Algérie offrait le cas particulier de trois départements placés sous la responsabilité d'un gouverneur général, et relevait du ministère de l'Intérieur ;

– Les protectorats de Tunisie (1881-1883) et du Maroc (1912) avaient conservé théoriquement leurs souverains et leur organisation, mais le contrôle était assuré au plus haut niveau par un Résident français, et des fonctionnaires locaux étaient doublés par des Français. Ils dépendaient du ministère des Affaires étrangères ;

– Les colonies d'Afrique noire étaient organisées en deux fédérations, l'Afrique occidentale française (AOF), créée en 1895 et réorganisée en 1904, et l'Afrique équatoriale française (AEF), fondée en 1910, ayant chacune un gouverneur général (installé respectivement à Dakar et à Brazzaville). Le gouvernement général constituait un rouage intermédiaire entre le ministère des Colonies, devenu ministère de la France d'outre-mer en 1946, et les différentes colonies du groupe. L'AOF se composait ainsi de la Côte d'Ivoire, du Dahomey, de la Guinée, de la Haute-Volta, de la Mauritanie, du Niger, du Sénégal, du Soudan français ainsi que du Togo, ancienne colonie allemande confiée en mandat à la France par la SDN, et en tutelle par l'ONU. Le Cameroun avait été rattaché dans les mêmes conditions à l'AEF, qui regroupait le Gabon, le Moyen-Congo, l'Oubangui-Chari et le Tchad. Chaque territoire, ayant à sa tête un gouverneur (appelé lieutenant-gouverneur jusqu'en 1937), était subdivisé en cercles (AOF) ou en districts (AEF). Ceux-ci étaient dirigés par un administrateur couramment appelé commandant, même lorsqu'il s'agissait d'un civil – ce qui était le cas le plus répandu à cette époque – à cause de ses fonctions de commandement. Il pouvait avoir sous sa responsabilité des adjoints chargés de subdivisions là où les circonscriptions étaient particulièrement étendues. Tous étaient des fonctionnaires français. L'ensemble était contrôlé périodiquement, environ tous les cinq ans, par l'inspection générale des Colonies qui dépendait étroitement du ministre et dont les membres, les inspecteurs généraux étaient recrutés par cooptation ; ils avaient des prérogatives particulièrement étendues en matière d'investigation.

– Madagascar, devenue colonie en 1896, était également dirigée par un gouverneur général siégeant à Tananarive.

Une évolution se produisit avec la loi-cadre ou loi Gaston Defferre, qui institua un régime d'autonomie interne en juin 1956, par lequel des gouvernements locaux furent dirigés par des personnalités africaines élues au suffrage universel, même s'il restait toujours un gouverneur français.

L'arrivée au pouvoir du général de Gaulle aboutit à la création, dans le cadre de la Ve République, d'une Communauté française acceptée par référendum en France et dans les pays africains et malgache, le 28 septembre 1958, à l'exception de la Guinée, qui devint immédiatement indépendante. Les pays étaient alors dotés d'une autonomie complète, mais la politique étrangère dépendait encore de la France. Par la suite, les États africains préférèrent prendre leur indépendance, plutôt que d'adhérer à la proposition française d'une Communauté « rénovée » et non plus « française ».

1960 fut donc l'année des indépendances africaines, dans les territoires français au Sud du Sahara. En Afrique du Nord, le Maroc et la Tunisie étaient devenus indépendants en 1956. L'Algérie allait accéder à la souveraineté en 1962.

Source : H. Le Léap et J. Baudrillaud, La France, métropole et colonies, *manuel du cours moyen, Delagrave, 1917*

« La France mène une politique néocolonialiste en Afrique. »

De Gaulle est venu en décolonisateur, non pas pour écrire la fraternité sur les murs mais pour définir pour la France une nouvelle forme de présence française en Afrique.

Stanislas Spero Adotevi, ***De Gaulle et les Africains*****, 1990**

Les formes de la présence et des interventions françaises en Afrique depuis les indépendances lui ont valu les critiques de ceux qui, dans le continent et ailleurs, s'opposaient aux régimes souvent autoritaires, voire dictatoriaux, soutenus par les gouvernements français successifs. Accusée de vouloir maintenir des liens de subordination, surnommée « le gendarme de l'Afrique », la France apparaît, à la différence des autres anciens colonisateurs, comme maîtresse d'un « pré carré » francophone, comprenant des pays issus ou non de son empire. Ce type de comportement a été initié dès la transmission des pouvoirs aux États devenus souverains. L'un des maîtres d'œuvre, « dans l'ombre » de cette organisation fut Jacques Foccart, secrétaire général pour les affaires africaines et malgaches à l'Élysée auprès du général de Gaulle, puis du président Georges Pompidou, et plus tard à Matignon, en 1986-1988, du Premier ministre Jacques Chirac. Influent grâce à un réseau d'informateurs, il préconisa l'intervention française pour soutenir les chefs d'État africains au pouvoir, même lorsque ces derniers avaient installé des régimes autocratiques, afin de conserver la prééminence française, ce que contestaient les opposants dans les pays concernés. Fait significatif : les relations avec les pays d'Afrique subsaharienne étaient l'objet d'un traitement spécifique puisqu'elles se sont opérées par l'intermédiaire du ministère de la Coopération jusqu'en 2000, année où elles ont été intégrées dans les Affaires étrangères, comme pour tout autre pays étranger.

La politique mise en place en la matière par le général de Gaulle reposait sur des conventions bilatérales entre la France et chaque État désormais souverain, ainsi que sur des rencontres au plus haut niveau. L'initiative a été poursuivie par ses successeurs jusqu'à nos jours, et même systématisée dans des « sommets France-Afrique », réunis périodiquement en France ou dans des capitales africaines. Cette politique s'appuyait sur la coopération, dont la doctrine sur les buts et les moyens s'exprimait dans le rapport Jeanneney de 1963. En échange d'une situation privilégiée, les accords avec les pays francophones, y compris l'ancien Congo belge, concernaient une assistance technique et militaire, un apport financier, dont les « crédits fournisseurs » destinés à l'achat de produits français par les bénéficiaires, une défense mutuelle et, dans certains cas, l'implantation de bases militaires françaises comme en République centrafricaine, au Gabon, etc. L'Assistance militaire technique (AMT) avait pour objet de concourir à la formation des armées locales, à la fois par un appui logistique sur place et par l'accueil de ressortissants africains dans les écoles militaires des anciennes métropoles. Elle portait également sur la fourniture d'armements et d'équipements.

Les États obtenaient des crédits pour réaliser leur équipement grâce à une aide publique sous forme de subventions et de prêts, et à des investissements privés.

Une certaine continuité existait dans les méthodes et les structures par rapport à la période antérieure. C'est ainsi que les divers crédits et investissements publics furent gérés par le Fonds d'aide et de coopération (FAC), créé en 1959, en remplacement du FIDES (Fonds d'investissement et de développement économique et social). En 1965, 89 % de l'aide bilatérale de la France aux pays en voie de développement allait à son ancien empire : les États africains et malgache en absorbaient 46 %, l'Algérie 32 %, le Maroc et la Tunisie 7 %. Elle destinait une proportion plus importante de son PNB pour l'aide au développement que les autres anciennes puissances coloniales, mais celle-ci diminua dans les années qui suivirent les indépendances. Elle était devenue la cible de ceux qui estimaient qu'elle était trop importante au regard des profits qu'on pouvait en retirer et, de surcroît, mal utilisée par les bénéficiaires. Des articles comme ceux de Raymond Cartier dans *Paris Match*, où il dénonçait l'utilisation à des fins somptuaires des sommes mises à la disposition des chefs d'État africains, au détriment de la satisfaction des besoins en France, influencèrent une partie de l'opinion adepte du « cartiérisme », et contribuèrent à diminuer les crédits publics pour le développement, qui se maintinrent par la suite à des niveaux très faibles.

L'un des éléments majeurs de la présence française après les indépendances fut le maintien de la zone franc. Pour comparer avec le cas britannique, les États africains de la zone sterling prirent très vite la responsabilité de soutenir leur propre monnaie, sur la parité de deux unités locales pour une livre sterling, mais, par la suite, nombre d'entre eux, comme le Nigeria, s'alignèrent sur le dollar américain. La monnaie n'était donc pas un facteur essentiel de cohésion du Commonwealth. En revanche, les relations à l'intérieur de la zone franc étaient plus rigoureuses. Les États francophones continuèrent à utiliser le franc CFA, à l'exception de la Guinée qui s'était exclue en choisissant l'indépendance (1958) et du Mali, de 1962 à 1967. La France maintint la parité antérieure, avec la valeur de 50 F CFA = 1 FF. On procéda surtout à des changements de nom : le franc fut dénommé « de la Communauté financière africaine » au lieu « des Colonies françaises d'Afrique ». La Banque centrale des États d'Afrique de l'Ouest (BCEAO) succéda à la Banque d'Afrique occidentale, avec son siège à Dakar. La Banque de l'Afrique équatoriale céda sa place à la Banque centrale pour les États d'Afrique équatoriale et le Cameroun puis, en 1972, à la Banque des États d'Afrique centrale (BEAC), toujours implantée à Yaoundé. En France même, la Caisse de la France d'outre-mer devint le Comité de la zone franc. Cette organisation devait se pérenniser sans transformation majeure jusqu'à la dévaluation de 1994, puis le passage à l'euro, auquel les États africains accèdent par l'intermédiaire de la France.

En outre, le maintien des communautés linguistiques est certainement l'un des héritages majeurs de la colonisation, bien qu'il ait été l'objet de discussions dans plusieurs pays indépendants. La division en Afrique anglophone, francophone, lusophone s'est perpétué, à côté des régions arabophones, ou swahili. La francophonie constitue jusqu'à présent un axe de la politique française, doté d'une organisation et d'un ministère spécifiques.

En revanche, l'importance du personnel français de l'assistance technique s'est amoindrie. Dans un premier temps, celle-ci avait eu pour objet d'assurer la continuité des affaires pendant la mise en place des rouages administratifs des nouveaux États. Certains de ses membres participèrent d'ailleurs à l'élaboration de constitutions et d'autres textes juridiques. Par la suite, la demande porta sur la formation des cadres et des personnels locaux. L'enseignement absorba une grande partie de l'assistance technique. Toutefois, le besoin de coopérants diminua à mesure que l'africanisation se poursuivait : de plus de 10 000 dans les années soixante, ils passent à près de 6 500 au tournant des années quatre-vingt-dix, et à environ 1 300 dans les premières années du XXIe siècle.

De même, la part de la France a diminué dans le mouvement des échanges avec l'Afrique. Ayant obtenu de la CEE un statut d'associé pour ses territoires africains, elle avait pu conserver de fortes positions commerciales, bien que sa part eût diminué par rapport à la période coloniale. Par la suite, les conventions successives entre l'Union européenne et les ACP (Afrique, Caraïbes, Pacifique) ouvrirent largement les États africains à la concurrence communautaire. La France, bien que premier client et premier fournisseur dans la plupart des pays francophones, perdit de son importance relative d'autant plus qu'à partir des années quatre-vingt-dix, nombre d'entreprises françaises se désengagèrent de l'Afrique au profit de l'Europe centrale et orientale.

La France a également reculé en tant que direction privilégiée pour les migrants du travail. La volonté de restreindre l'immigration depuis 1968, puis de favoriser le retour des immigrés à partir de 1974, a été suivie par des mesures draconiennes contre les clandestins – expulsions, renvois en charters, etc. – tandis que les consulats français en Afrique multiplient les difficultés pour délivrer des visas, y compris pour des intellectuels et des membres de professions libérales, qui en obtiennent plus facilement de la part des États-Unis ou d'autres pays membres de l'Union européenne.

Cette politique malthusienne apparaît d'autant

plus injuste à nombre d'Africains que les gouvernements français successifs interviennent en Afrique, par exemple au Togo pour assurer la position d'Éyadéma en 1993, puis de son fils en 2005, ou encore en Côte d'Ivoire avec l'opération Licorne en 2004-2005, ou plus récemment au Tchad, en avril 2006. Ainsi s'explique la montée de sentiments contre la France, alors que celle-ci, nous l'avons dit, est en perte de vitesse dans plusieurs domaines en Afrique.

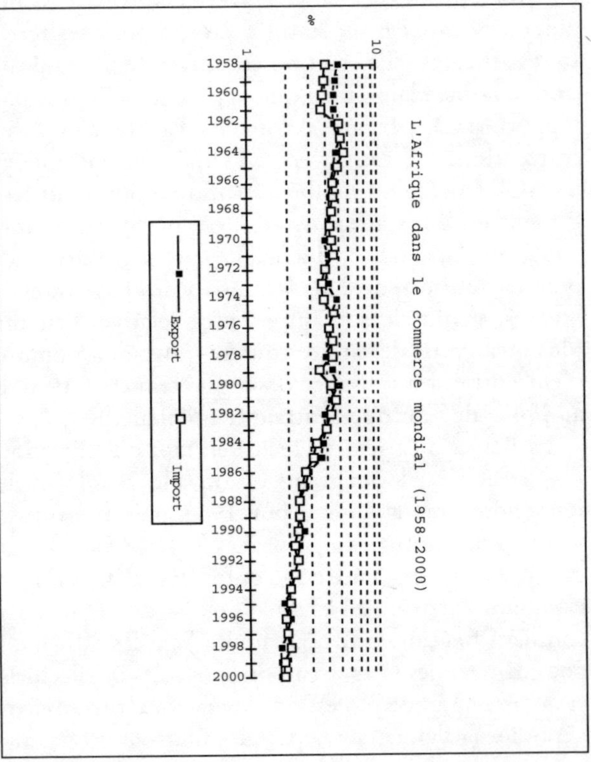

Sources : nos calculs d'après FMI, *Statistiques financières internationales.*

« L'Afrique a une place mineure dans le commerce mondial. »

D'une manière générale, les pays africains sont vulnérables face aux chocs extérieurs liés à la demande mondiale, qui affectent leurs exportations, à la variation des termes de l'échange, qui affectent à la fois les exportations [...] et les importations...

Banque africaine de développement,
***Rapport sur le développement en Afrique,* 2005**

En l'espace d'une quarantaine d'années, la part de l'Afrique dans le commerce mondial a diminué de plus de la moitié, passant de 4,4 % en moyenne dans les années proches de l'indépendance (1958-1962) à 1,9 % (1996-2000), et à 2 % en 2004. Ce déclin ne s'est pourtant pas effectué de façon linéaire, si l'on examine le graphique ci-contre. Alors que le mouvement des importations africaines enregistre, jusqu'aux années soixante-dix, une hausse relative due à l'effort d'équipement des pays désormais souverains, les matières premières africaines, tout en réagissant aux fluctuations des cours mondiaux, permettent au continent de maintenir sa place dans les exportations internationales. Par la suite, les chocs pétroliers de 1973 et de 1979 provoquent des hausses qui se répercutent sur la courbe, respectivement en 1974 et 1980. Les rentrées des pays producteurs de pétrole maintiennent leur niveau jusqu'au milieu de la décennie quatre-vingt, grâce aux prix encore élevés du baril, tandis que diminuent progressivement les cours des autres produits primaires vendus par le continent. Or à partir de

1985, la baisse généralisée touche toutes les exportations africaines, ce qui se traduit par une restriction progressive de sa part, dont se ressentent également les importations. Le mouvement, qui atteint son plancher en 1998, se redresse légèrement puis stagne par la suite.

De multiples facteurs se conjuguent pour expliquer la part décroissante du continent africain dans l'ensemble des échanges commerciaux, parmi lesquels la concurrence internationale est un élément clé. Cette dernière s'inscrit dans le cadre de la mondialisation, avec l'ouverture à l'économie de marché voulue par les organismes internationaux comme l'OMC. En découlent la baisse persistante des cours des matières premières et la perte relative des marchés traditionnels au profit de produits similaires proposés par d'autres régions du monde à des prix concurrentiels. Ainsi, les pays africains ont été dépassés dans le domaine des oléagineux, où ils étaient bien placés, à cause de la concurrence d'autres produits agricoles comme le soja dont les États-Unis sont les premiers producteurs. Ou de la « bataille des huiles » dans laquelle les arachides tropicales subissent de plein fouet la concurrence des plantes tempérées comme les olives, le maïs, le tournesol, le colza… D'autre part, les campagnes environnementales attaquant l'utilisation des phosphates dans les détergents ont nui aux pays producteurs en Afrique comme le Togo. Enfin, les transformations technologiques ont entraîné une diminution de la part des matières premières dans le produit fini. Un exemple, entre autres, est donné par la réglementation de l'Union européenne concernant le chocolat où la proportion de beurre de cacao a diminué, ce qui pénalise un pays comme le Ghana.

Or les pays concernés n'ont pas opéré de véritable reconversion. Les accords multilatéraux ont maintenu les États africains dans leur rôle de producteurs de produits primaires d'abord dans le cadre de la Communauté puis de l'Union européenne avec les accords successifs de Yaoundé (1963, 1969), de Lomé (1975, 1979, 1984, 1989), et de Cotonou (2000). L'effet pervers a été de permettre aux tenants du pouvoir de se satisfaire d'une rente tirée des matières premières, sans chercher à redresser les déséquilibres structurels. Au début du XXIe siècle, les fondements de l'économie ont peu évolué depuis la période coloniale : à la sortie, les changements ont porté sur les productions plus que sur leur nature. Ainsi, le Sénégal fournit à l'Europe plus de produits halieutiques que d'arachides décortiquées et propose de l'huile d'arachide, des phosphates et du kaolin. Le Bénin a remplacé les exportations des huiles et amandes de palme, qui ont fait pendant longtemps sa richesse, par celles de coton. La Côte d'Ivoire vend peu de café, moins de cacao mais plus de fruits frais, de poissons ; le Ghana exporte moins de cacao, mais relativement plus d'or et surtout d'aluminium. Le Burkina Faso et le Kenya envoient en Europe des produits maraîchers comme les haricots verts… Ces transformations n'ont pas permis de compenser la perte des anciens marchés, ni de gagner de nouveaux clients. Faute d'avoir créé un tissu industriel conséquent, même sur la base de l'import-substitution, la production manufacturée couvre rarement les besoins de la consommation locale, et lorsqu'il existe un surplus, il est peu concurrentiel sur le plan international. La répartition des importations s'est modifiée : le pourcentage des biens d'équipement a dépassé celui des biens de consommation. Parmi ces derniers, la demande en produits alimentaires s'est accrue, l'autosuffisance étant difficile à assurer à cause du croît démographique.

Néanmoins, certains pays s'en sortent mieux que d'autres, ce qui n'est pas forcément connu du grand public qui reçoit généralement des informations globales. Ainsi, par rapport à 1980, 13 pays subsahariens ont accru en 2002 leur taux de couverture des importations, exprimé en nombre de mois, certains de façon substantielle comme le Bénin (de 0 à 10) et le Botswana (de 4 à 24), 5 pays dont le Zimbabwe (de 8 à 1) ont régressé, les autres conservant le *statu quo.* Quant à la Guinée équatoriale, la découverte et l'exploitation du pétrole lui a permis de bénéficier d'un taux moyen de croissance annuelle de 26 % entre 1993 et 2003, et de 34 % en 2004. Ainsi, les données d'ensemble ne doivent pas occulter les dissemblances existant entre les pays.

« L'Afrique vit de l'aide internationale. »

L'aide au développement aboutit ainsi à prolonger le caractère « primaire » de l'économie de l'Afrique tropicale, à base agricole et extractive de matières premières.

René Dumont, *L'Afrique noire est mal partie*, éd. 1966

Contrairement à une idée courante, l'aide financière aux pays en voie de développement ne consiste pas uniquement en dons et en subventions. Elle comprend surtout des prêts consentis, il est vrai, à des taux plus faibles que ceux pratiqués habituellement pour les autres crédits. Instituée en Afrique avant les indépendances pour réaliser des programmes d'intérêt économique et social, l'aide publique au développement s'est maintenue par la suite. Toutefois, elle a diminué rapidement : en 1960, elle représentait 1,38 % du PNB français, 0,56 % au Royaume-Uni, 0,88 % en Belgique ; en 1970, elle s'élevait respectivement à 0,66 %, 0,37 %, et 0,46 %. L'apport de la France par l'intermédiaire du FAC (Fonds d'aide et de coopération), était donc relativement plus élevé dans son ancien domaine africain que celui des autres anciennes métropoles dans le leur. La Grande-Bretagne, pour sa part, avait renouvelé les *Colonial Development and Welfare Acts* créés pendant la Seconde Guerre mondiale, mais la part des dons diminua au profit de prêts à long terme consentis à des taux d'intérêt modérés.

Après les indépendances, l'éventail des investisseurs publics et privés s'élargit. Des accords bilatéraux et/ou multilatéraux sous l'égide d'organisations internationales apportèrent les fonds indispensables à l'équipement des nouveaux États dont l'endettement alla croissant, sans pour autant avoir des effets positifs à cause de la mauvaise gestion des crédits, et surtout du choix irréaliste de nombreuses entreprises. Il en est ainsi dans plusieurs pays de grands projets qualifiés « d'éléphants blancs », par exemple au Nigeria ou au Congo-Brazzaville, d'usines construites sans se soucier des capacités d'approvisionnement en matières premières. Dans le contexte de la crise économique mondiale des années soixante-dix et quatre-vingt, l'aide publique des pays développés diminua encore. La plupart des États africains ne purent remplir leurs échéances.

À la fin des années quatre-vingt, la situation des États africains déjà préoccupante, s'aggrave à un point jamais atteint auparavant. L'endettement est nettement supérieur aux moyens, puisqu'en 1990, la dette représente globalement, en Afrique subsaharienne, 340,8 % des exportations de biens et de services et 106,1 % du PNB, alors qu'en Afrique du Nord, elle atteint 52 % des exportations en Algérie, 127 % en Tunisie, 300 % en Égypte. Certes, le poids de la dette africaine par rapport à la dette totale des pays en développement est encore limité, mais sa proportion s'est accrue. Cette situation jointe au gonflement des dépenses publiques, entraînant des déséquilibres budgétaires croissants, et à l'endettement, est devenue tellement inquiétante que les bailleurs de fonds internationaux, en particulier le FMI et la Banque mondiale, ont étendu à la quasi-totalité des pays africains la méthode des programmes d'ajustement structurel (PAS) initiée au début des années quatre-vingt. Les besoins aidant, leur rôle tend à devenir déterminant dans le développement d'un pays tout comme dans son évolution politique. La Banque mondiale suspend ainsi toute aide financière au Kenya en novembre 1991 pour six mois, en attendant des réformes politiques et économiques. Or les difficultés économiques, déjà aggravées par de mauvaises récoltes dues à la sécheresse, augmentent son déficit. En février 1992, l'État n'a plus que quatre jours de réserve en devises alors qu'est maintenu le gel de l'assistance financière, augmentant encore la contestation à l'égard du régime en place qui a dû accepter le multipartisme. De la même manière, les créanciers interviennent de façon sélective en acceptant ou en refusant d'éponger tout ou partie d'une dette. Ce fut le cas du Sénégal dont les États-Unis ont effacé une dette de 42 millions de dollars contractée pour l'achat de produits alimentaires (septembre 1991) ou encore celui du Bénin dont les États-Unis ont annulé la totalité de leur créance. Les créanciers publics réunis dans le club de Paris, et les privés dans le club de Londres ont entrepris un rééchelonnement de la dette dans plusieurs pays et parfois une annulation partielle.

Avec le désengagement de l'État, qui a dû procéder à une gestion drastique des dépenses, surtout en diminuant le nombre de ses fonctionnaires, et le conditionnement des aides financières, la situation de l'Afrique semble s'améliorer sur le plan de l'endettement. Selon le rapport 2005 de la Banque africaine de développement, le taux de croissance annuel moyen de la dette, de 5,7 % dans la décennie 1983-1993, est passé à 0,5 % en 1994-2004, alors que celui du service de la dette est passé respectivement de 3,8 % à 0,8 %. Toutefois, son poids reste élevé au regard des revenus et, de surcroît, il varie d'un pays à l'autre. Dans cette optique, le G8, en juillet 2005, a décidé d'annuler la dette des 18 pays les plus pauvres dont 14 sont Africains, et de doubler l'aide publique pour lutter contre la pauvreté. En France, dès 2003, un débat à l'Assemblée nationale sur l'aide au développement avait préconisé sa progression jusqu'à 0,5 % du PIB en 5 ans, mais en renforçant le caractère bilatéral.

En fait, l'aide publique au développement à l'Afrique subsaharienne est passée d'une croissance annuelle de 4,3 % entre 1975 et 1984, à 8,3 % de 1985 à 1994, puis a diminué jusqu'à 4,8 % jusqu'en 2003. Cette évolution se traduit concrètement par une restriction de l'aide moyenne par habitant de 32 $ en 1990 à 19 $ dix ans plus tard. Toutefois, dans ce domaine également, les situations sont contrastées si l'on considère la part de l'aide dans le PIB. Alors que pour l'ensemble de l'Afrique subsaharienne, elle est passée de 4,1 % en 1980, à 6 % en 2002, elle s'est accrue dans la plupart des pays, parfois de façon sensible comme au Burundi (de 12,8 % à 23,9 %), au Malawi (de 11,6 à 19,8), en Côte d'Ivoire (2,1 à 9,1) en Zambie (8,2 à 17,3), avec l'effet pervers d'accroître le poids de l'endettement si les fonds ne produisent pas les ressources escomptées. En revanche, d'autres maintiennent les mêmes proportions ou enregistrent des diminutions à l'instar de la Guinée Bissau (de 53,7 % à 29,2 %), le Togo (8 à 3,7) ou le Botswana (10 à 0,7), considéré comme un modèle de réussite relative.

Dans le même temps, l'aide humanitaire a été sollicitée chaque fois que l'Afrique était la proie de catastrophes naturelles ou de graves conflits, ce qui contribue à diffuser l'idée que l'Afrique ne vit que de l'aide humanitaire mondiale. Les images retransmises par la télévision, où des gens démunis tendent la main pour recevoir un peu de nourriture extrapolent une situation tragique, due à des circonstances exceptionnelles, à l'ensemble du continent. La multiplicité des ONG (organisations non gouvernementales) intervenant dans de telles situations, la sensibilisation des populations « du Nord » invitées à verser leur obole, font apparaître les Africains comme des assistés dans l'esprit des donateurs, de même que dans celui des bénéficiaires, et perpétuent les préjugés.

De même, en dehors des circonstances exceptionnelles, certains pays, comme le Burkina Faso, le Mali, voire le Togo et bien d'autres, concentrent les interventions d'ONG étrangères pour effectuer des projets d'envergure variable, que les populations locales pourraient parfois réaliser de leur propre chef. Mais puisqu'on les leur offre, pourquoi les refuser ? Toutefois, ce n'est pas ici le lieu de polémiquer…

Le mot « aide » a donc un sens ambigu, dans la mesure où il recouvre une multiplicité de situations, puisqu'il évoque aussi bien des crédits remboursables que des dons. Pour leur part, les États africains ont des attitudes diversifiées à l'égard des aides internationales, allant de l'acceptation plus ou moins conditionnelle au refus. Ce fut notamment le cas de la Zambie, qui a décliné, en 2002, une aide alimentaire américaine parce qu'elle était composée de produits transgéniques, dont l'action sur la santé est incertaine. Toutefois, les positions ne sont pas immuables : dans chaque pays, elles évoluent différemment, au gré du contexte international et des conditions locales, montrant une fois de plus combien s'avèrent discutables les appréciations portées sur l'ensemble du continent.

« L'Afrique noire n'intéresse pas le reste du monde. »

La libre entreprise aide à stimuler la croissance économique mondiale et [...] le commerce joue un rôle fondamental pour propager la prospérité, la stabilité et la paix. Le ministère du Commerce [des USA] fait tous ses efforts pour forger entre les entrepreneurs africains et américains un partenariat commercial qui ait le maximum d'atouts.

Edward Casselle, US Trade representative Deputy Assistant secretary for Africa, *in Bonin et Cahen*, 2001

L'Afrique n'aurait-elle rien à offrir au reste du monde ? Cette affirmation, qui procède de l'afro-pessimisme ambiant depuis quelque trois décennies, ne prend pas en compte l'évolution historique. En fait, le poids de l'Afrique subsaharienne dans le monde a évolué en fonction des relations géopolitiques et des fluctuations conjoncturelles internationales. À l'époque de la Guerre froide, alors que les États nouvellement indépendants entraient à l'ONU et dans les autres organisations internationales, leur voix comptait : ils étaient « courtisés » par les superpuissances, même si nombre d'entre eux avaient rejoint les rangs des « non-alignés ». Tandis que les anciens colonisateurs s'efforçaient de maintenir des positions privilégiées, comme nous l'avons vu pour la France, certains pays développaient des activités commerciales, productives, et autres car, dans maintes capitales, comme Lomé, voisinaient, entre autres, des centres culturels français, allemand, américain… Dans le secteur de l'économie, l'exemple des compagnies pétrolières de diverses nationalités distribuant de l'essence dans les pays francophones est significatif, avec la coexistence, entre autres, de Total, Esso, BP, Shell, Agip... De même, des équipes néerlandaises, taïwanaises ou de Chine populaire menaient, dans plusieurs pays, des expériences agronomiques pour augmenter la production de riz ou de cultures maraîchères, comme au Dahomey (Bénin) dans les années soixante. En outre, des investissements étrangers participaient à l'effort d'équipement des nouveaux États par des financements bilatéraux ou multilatéraux sous l'égide d'organismes internationaux.

Un clivage s'était effectué sur le plan idéologique entre ceux qui se proclamaient marxistes-léninistes, et ceux qui se réclamaient du camp occidental. Dans les premiers, les Russes avaient accru leur influence comme au Congo, où ils n'avaient pu toutefois supplanter la présence française. Les États-Unis et l'URSS s'efforçaient ainsi d'implanter de solides positions. Les guerres coloniales qui se poursuivaient, en particulier dans les colonies portugaises mais aussi en Namibie contre l'Afrique du Sud, leur offraient également un champ de rivalités qui se pérennisa une fois les indépendances acquises. En Angola, par exemple, les États-Unis, l'URSS aidée des Cubains, et la Chine s'affrontaient par l'intermédiaire des mouvements de libération, les premiers soutenant l'Unita (Front national de libération de l'Angola), les seconds le MPLA (Mouvement populaire de libération de l'Angola). Les conflits armés au Soudan, en Éthiopie et dans d'autres pays favorisaient les ventes d'armes pour lesquelles l'URSS arrivait au premier rang (41 % du total de ce commerce entre 1979 et 1983), suivie par la France (12,5 %) et par les États-Unis (9,5 %). Mais l'Italie, la Grande-Bretagne, l'Allemagne fédérale, les démocraties populaires et bien d'autres y participaient aussi. L'intérêt porté à l'Afrique noire était donc multiforme.

Or les difficultés des pays africains, marquées par un fort endettement, la restriction des revenus due à la baisse des cours mondiaux des matières premières pendant la crise initiée par le premier choc pétrolier, puis par celle du pétrole après 1985, suscitent un désengagement relatif des entreprises en Afrique au profit de l'Asie et de ses « pays émergents ». L'aide publique des pays développés a fortement diminué depuis la fin des années soixante. Celle des membres de l'OCDE, en particulier, enregistre une baisse de 41 % entre 1990 et 2000. Avec la chute du mur de Berlin en 1989 et l'éclatement de l'Union soviétique s'est, en effet, ouvert un nouveau champ d'intérêt pour les Occidentaux. L'Afrique voit s'estomper sa place géostratégique, alors que la situation troublée, voire conflictuelle dans plusieurs pays n'attire guère les investisseurs. L'afropessimisme évoqué plus haut s'accroît.

Toutefois, en mars 1998, la visite du président Bill Clinton dans huit pays africains – Ghana, Ouganda, Rwanda, Afrique du Sud, Botswana, Sénégal – puis la tournée en Afrique du Sud, au Kenya, en Côte d'Ivoire et au Nigeria du secrétaire d'État au Commerce, accompagné de quinze chefs d'entreprises américaines, montrent que les États-Unis n'ont pas délaissé cette partie du monde. Elle constitue même un débouché appréciable pour les grandes firmes comme Monsanto, qui espèrent y vendre ses semences transgéniques pour pallier une restriction du marché européen. Le continent connaît également un regain d'intérêt avec la lutte contre le terrorisme, engagée par les États-Unis après le 11 septembre 2001, qui s'appuie sur une entente regroupant neuf pays de la corne de l'Afrique en juin 2002, et sur une initiative pan-Sahel rassemblant huit États sahariens en novembre 2002. En outre, l'importance des réserves pétrolières africaines renforce encore son intérêt pour les demandeurs de produits énergétiques, non seulement les États-Unis et les pays européens, mais aussi la Chine.

Cette dernière mène en direction de l'Afrique une politique dynamique, avec la visite en 2003 du président Hu Jintao en Algérie, en Égypte et au Gabon, ainsi que la tenue d'un forum sino-africain à Addis-Abeba à la fin de cette même année. Contre du pétrole, la Chine a fourni des avions de chasse à l'Angola, et permis la mise au point d'un satellite au Nigeria. Dans l'ensemble, ses échanges commerciaux avec l'Afrique se sont accrus, passant de 1,84 % en 1990 à 2,01 en 2003 pour les exportations, et respectivement de 0,7 % à 1,98 pour les importations. L'Afrique du Sud reste son premier partenaire, mais elle est présente dans l'ouest africain où, en 2004, elle dépasse les États-Unis et le Royaume-Uni, sans pourtant rattraper la France.

Si le commerce extérieur du Japon avec l'Afrique a peu augmenté, ses importations, qui s'élèvent à 1,68 % en 2003, concernent la fourniture de produits miniers, en particulier du chrome, du manganèse et plus des neuf dixièmes du cobalt utilisé dans ses industries, sans compter le pétrole du Nigeria. En fait, c'est l'Inde qui, parmi les pays asiatiques, a la première position en Afrique : le continent absorbe 4,3 % de ses exportations en 2003 et lui fournit 6,1 % de ses importations. Elle bénéficie de la présence de populations qui lui sont liées par leur origine.

Avec un taux de croissance économique de 5,1 % en 2004, équivalent à la moyenne mondiale, l'Afrique a atteint son niveau le plus élevé depuis

1996 selon le rapport 2005 de la Banque africaine de développement, tandis que la tendance à la détérioration des termes de l'échange s'est inversée depuis 2000. Cette évolution, d'après la même source, est imputable en grande partie à l'augmentation des recettes provenant de l'exportation du pétrole et des produits primaires. La situation d'ensemble du continent connaît donc une amélioration relative au point de vue macroéconomique, mais en conservant des disparités d'un pays à l'autre. Le redressement de la situation politique et les progrès de la bonne gouvernance dans maints États rassurent, l'aide internationale s'accroît, et l'Afrique semble sortir progressivement de sa marginalité. Dès lors, l'afropessimisme semble céder le pas, dans les médias, à un jugement plus nuancé, si l'on évoque les conclusions d'un article de Kemal Dervis et Jean-Michel Severino, « Afrique plurielle », paru dans l'*Express* du 23 février 2006 : « Avec une aide internationale accrue et un commerce mondial plus juste, une Afrique qui se réforme et surmonte ses crises peut devenir zone de croissance et de grand espoir. » Cette perspective modifiera-t-elle l'idée reçue ?

Conclusion

La diversité de l'Afrique et de ses habitants infirme les jugements englobants qui constituent le fondement des idées reçues concernant cette partie du monde. Apparues dans des contextes historiques spécifiques, elles se sont maintenues même lorsque étaient devenues caduques les circonstances de leur naissance. Elles se sont ajoutées au fil du temps, et si certaines se sont modifiées, bien peu ont disparu. Certaines, nous l'avons dit, ont été intégrées dans les mentalités africaines qui, dans le même temps, en ont développé elles aussi à l'égard des autres. L'étude de ces regards croisés montrerait une cascade de préjugés envers l'étranger, qui dépassent largement les distinctions inhérentes à la couleur de la peau.

Considérer « l'Afrique » comme un ensemble indifférencié – terre d'aventures, de dépaysement mais aussi de violences – et « l'Africain » comme le représentant d'une entité souvent exprimée par l'emploi du singulier collectif, n'est pas une position obsolète en ce début du XXIe siècle. Les médias la véhiculent mais aussi l'école. Nombre de professeurs s'efforcent, à juste titre, de sensibiliser leurs élèves à d'autres cultures, mais leurs actions ne sont pas toujours conduites de façon circonspecte et bien documentée. Dans l'exemple cité en introduction, qui est un cas d'école pour illustrer notre propos sur les stéréotypes concernant l'Afrique, il faut s'interroger sur l'impact que peut avoir sur les jeunes esprits – et par leur intermédiaire, sur leurs parents – une représentation aussi dépassée que fictive, qui valorise l'exotisme, voire le bizarre, sans présenter de contrepartie sur les réalités quotidiennes. Bien plus, lorsque ces dernières sont évoquées dans des classes du primaire ou du secondaire, elles se concentrent sur la misère et la pauvreté, dans le cadre de ce que certains appellent « l'éducation au développement ». Tout ceci provoque l'émotion, la commisération et le désir de se dévouer, mais donne des Africains l'image réductrice et dépréciée d'assistés. Dès lors, les postures respectives de donateurs et de bénéficiaires, sans qu'interviennent des critères d'admiration et d'estime réciproques, ne contribuent-elles pas à maintenir les idées inégalitaires entre les peuples ?

« Le regard porté sur l'Afrique est plus meurtrier que ce qui s'y passe réellement », disait Kofi Yamgnane, homme politique français d'origine togolaise, ancien secrétaire d'État, lors d'une conférence organisée par l'ONG Coordination pour l'Afrique de demain, en janvier 2003.

La pérennité des idées reçues contribue à cette vision nocive.

ANNEXES

Ils l'ont écrit

Conquérir

« Quelle terre que cette Afrique ! L'Asie a son histoire, l'Amérique a son histoire, l'Australie elle-même a son histoire ; l'Afrique n'a pas d'histoire. Une sorte de légende vaste et obscure l'enveloppe. » [...] « Cette Afrique farouche n'a que deux aspects : peuplée, c'est la barbarie ; déserte, c'est la sauvagerie. » [...]
« Au XIXe siècle, le Blanc a fait du noir un homme ; au XXe siècle, l'Europe fera de l'Afrique un monde. Refaire une Afrique nouvelle, rendre la vieille Afrique maniable à la civilisation, tel est le problème ; l'Europe le résoudra. Allez, Peuples ! Emparez-vous de cette terre. Prenez-la. À qui ? À personne. Prenez cette terre à Dieu. Dieu la donne aux hommes. Dieu offre l'Afrique à l'Europe. Prenez-la. Où les rois apporteraient la guerre, apportez la concorde. Prenez-la, non pour le canon mais pour la charrue ; non pour le sabre, mais pour le commerce ; non pour la bataille, mais pour l'industrie ; non pour la conquête, mais pour la fraternité. Versez votre trop-plein dans cette Afrique, et du même coup, résolvez vos questions sociales, changez vos prolétaires en propriétaires. Allez, faites ! Faites des routes, faites des ports, faites des villes ; croissez, cultivez, colonisez, multipliez ; et que, sur cette terre, de plus en plus dégagée des prêtres et des princes, l'esprit divin s'affirme par la paix et l'esprit humain par la liberté ! ».
Victor Hugo, *Discours sur l'Afrique*, 18 mai 1879.

Juger l'autre

Arthur Rimbaud, dans une lettre adressée à ses amis, écrite à Harrar, le 4 août 1888, écrit qu'il « s'ennuie beaucoup, toujours ». Il se plaint de vivre au milieu des « nègres dont on voudrait améliorer le sort et qui, eux, cherchent à vous exploiter et vous mettent dans l'impossibilité de liquider des affaires à bref

délai ». « Obligé de parler leurs baragouins, de manger de leurs sales mets, de subir mille ennuis provenant de leur paresse, de leur trahison, de leur stupidité ! »
Lettres aux siens, Égypte, Arabie, Éthiopie, 1899.

« Comment la race noire atteindrait-elle en quelques dizaines d'années le développement qui a demandé à la race blanche des siècles d'efforts ? Les remarquables dons d'imitation des populations africaines font illusion mais imitation ne signifie pas assimilation. L'instruction, l'évangélisation elle-même, ne sauront modifier brusquement l'être intime d'un homme ; et l'évolution morale, comme tous les problèmes humains, ne peut être résolue en dehors du facteur “temps”. »
Georges-Marie Hardt et Louis Audoin-Dubreuil, *La Croisière noire*, 1927, pp. 211-212.

Mettre en valeur

« ... cette Afrique si massive en présence d'une Europe découpée et dentelée, cette terre jusqu'alors déshéritée et maudite, qui s'était si longtemps dérobée à la curiosité de l'homme et à son énergique effort, sera bientôt dominée et soumise, s'offrant passivement à la zébrure du rail comme au battement d'aile de l'aéroplane. »
Commandant Roumens, *L'Impérialisme français et les chemins de fer transafricains*, 1914.

« Après avoir établi leur souveraineté en Afrique, toutes les puissances coloniales eurent à résoudre le double problème posé par la nécessité de couvrir les dépenses d'administration et les frais exigés par le développement économique de leurs territoires. L'espoir de profits substantiels fut un puissant déterminant dans la compétition dont l'Afrique était le but, mais les moyens pour le réaliser restèrent ignorés et les ressources nécessaires ne furent pas mobilisées. »
S.-H. Frankel, *Capital Investment in Africa*, 1938, cité par Henri Labouret, *Colonisation, colonialisme, décolonisation*, 1952, p. 145.

« Qu'il soit admis, dès le départ, que l'intelligence, le capital et l'énergie des Européens n'ont pas été et ne seront jamais dépensés pour développer les ressources de l'Afrique par pure philanthropie ; que l'Europe est en Afrique pour le bénéfice mutuel de ses propres classes industrielles, et pour le progrès des races autochtones au plus haut niveau ; que le bénéfice peut être réciproque, et que c'est le désir et le but d'une administration civilisée de remplir ce double mandat. »
Lord Lugard, *The Dual Mandate in British Tropical Africa*, 1922.

« La France qui colonise va organiser l'exploitation pour son avantage sans doute, mais aussi pour l'avantage général du monde, de territoires et de ressources que les races autochtones de ces pays arriérés ne pouvaient à elles seules ou ne savaient pas mettre en valeur, et dont le profit était ainsi perdu pour elles, comme pour la collectivité universelle. »
Albert Sarraut, *La Mise en valeur des colonies françaises*, 1923.

Dénoncer les abus

[Les Arabes] : Ce peuple « Il se révolte, dites-vous ; mais est-il vrai qu'on l'exproprie et qu'on lui paie ses terres un centième de ce qu'elles valent ? Il se révolte. Est-il vrai que sans raison, même sans prétexte, on lui prenne des propriétés qui valent environ soixante mille francs et qu'on lui donne comme compensation une rente de trois cents francs par an ?

On lui a reconnu le droit de parcours dans ses forêts, seul moyen qui lui reste de faire paître ses troupeaux quand toutes les plaines sont séchées par le soleil et quand on lui a fermé l'entrée du Tell ; mais est-il vrai que l'administration forestière, la plus tracassière et la plus injuste des administrations algériennes, ait mis alors la presque totalité de ces forêts en défense et fasse procès sur procès aux pauvres diables dont les chèvres passent les limites, limites que peut seul apprécier l'œil exercé des forestiers ? »

« [...] Mais à Alger, les gens sédentaires et compétents ne

voient que les torts et les vices de l'Arabe. Il répètent sans fin que c'est un peuple féroce, voleur, menteur, sournois et sauvage. Tout cela est vrai. Mais, à côté des défauts, il faut voir les qualités. »

« J'ai dit également qu'on perdait en ce pays la notion du droit. C'est tellement vrai que je n'ai pu m'empêcher de rire à mon tour en voyant un conducteur de voiture payer à coups de matraque deux perdrix achetées à un Arabe. Ici, on s'accoutume à l'injustice, tant on vit dans l'injustice ; mais je défie un Français quelconque de ne pas s'indigner véhémentement s'il passe, comme je viens de le faire, vingt jours sous la tente, au milieu des Arabes, allant de tribu en tribu. »

Guy de Maupassant, *Le Gaulois*, 20 août 1881.

« La folie coloniale ne finira-t-elle jamais ? »

Anatole France, *Courrier viennois*, mi-septembre 1904.

« [...] Je demeure convaincu qu'un journaliste n'est pas un enfant de chœur et que son rôle ne consiste pas à précéder les processions, la main plongée dans une corbeille de pétales de roses.

Notre métier n'est pas de faire plaisir, non plus de faire du tort, il est de porter la plume dans la plaie.

En Afrique noire française, il existe une plaie. Cette plaie, donnons-lui son nom, c'est : l'indifférence devant les problèmes à résoudre. Et cela conduit à des catastrophes. À qui la faute ? La faute en est moins à la colonie qu'à la métropole. »

Albert Londres, *Terre d'ébène*, 1929, introduction.

[...] Le Blanc soutenait une thèse. Il disait : « Nous les obligeons à faire des routes, c'est pour leur bien ; le portage les tue ; les routes faites, ils ne porteront plus.

Ils portent toujours !

Où nous devrions travailler à peupler, nous dépeuplons. Serions-nous les coupeurs de bois de la forêt humaine ? »

Albert Londres, *ibid.*, 25 octobre 1928.

Sur l'Afrique au lendemain des indépendances

« J'ai donc préféré le risque de vexer certains de mes amis africains, plutôt que de les mépriser en les flattant, ou en leur cachant le fond de ma pensée : ce qui constituerait une forme hypocrite de ségrégation néocolonialiste. En présence des "maladies infantiles de l'indépendance", il importait de les dénoncer vite, pour essayer de contribuer à leur guérison. »
Introduction à l'édition de 1966 : René Dumont, *L'Afrique noire est mal partie*, Le Seuil, 1962.

Pour aller plus loin

L'excellent livre de John Iliffe, *Les Africains : Histoire d'un continent* (Flammarion, 2002, traduit de l'anglais), permet d'appréhender l'histoire de l'Afrique dans la longue durée. Pour l'époque contemporaine, Catherine Coquery-Vidrovitch dans *L'Afrique et les Africains au XIXe siècle. Mutations, révolutions, crises* (Armand Colin, 1999) s'intéresse à l'évolution de l'ensemble du continent. Il en va de même de l'atlas historique élaboré sous la direction de Philippe Lemarchand, *L'Afrique et l'Europe* (éd. Complexe, 1994) qui permet de visualiser de façon documentée et synthétique les problèmes majeurs auxquels le continent est confronté depuis la fin du XIXe siècle. L'Afrique subsaharienne est plus spécialement traitée par Elikia M'Bokolo, *L'Afrique noire. Histoire et civilisations, du XIXe à nos jours* (Hatier-Aupelf, 1992 ; 2004, 2e édition), tandis que Catherine Coquery-Vidrovitch met l'accent sur les mutations dans *Afrique noire. Permanences et ruptures* (Payot, 1985, l'Harmattan, 1993).

Le recueil de textes réunis par Catherine Coquery-Vidrovitch dans *La Découverte de l'Afrique* (Archives Julliard, 1965 ; l'Harmattan, 2003), bien qu'ancien n'a pas été remplacé et permet de se familiariser avec les regards que les Européens jetaient sur l'Afrique et les Africains.

La colonisation et la décolonisation ont été le sujet de maintes études dont nous n'évoquons que quelques-unes ici. Pierre Guillaume privilégie l'aspect comparatif dans *Le Monde colonial* (Armand Colin, 1994), ainsi que par Marc Michel et Charles-Robert Ageron, *L'Ère des décolonisations* (Karthala, 2000), et par Marc Michel, *Décolonisations et émergence du tiers monde* (Hachette, 2e éd. 2005). Pour nous limiter à la France, l'ouvrage de Henri Brunschwig, *Mythes et réalités de l'impérialisme colonial français : 1871-1914* (Armand Colin, 1960). Ce texte, devenu un classique, proposait une vision nouvelle des causes de la colonisation en mettant l'accent sur les raisons politiques. Plus récemment, l'Afrique est traitée dans les deux volumes de *L'Histoire de la France coloniale* (Armand Colin, 1991) qui partent des origines à 1914 (tome I par Jean Meyer et *alii*) pour se terminer en 1990 (tome II, 1914-1990, par Jacques Thobie et *alii*). De même, l'essai d'André Nouschi, *Les Armes retournées. Colonisation et décolonisation françaises* (Belin, 2005), intègre le continent, en particulier l'Afrique du Nord, dans l'ensemble impérial français, en s'intéressant aux conséquences actuelles de cette histoire en France et dans ses anciennes possessions.

Les rapports entre la politique et la société sont le sujet des livres de Jean-François Bayart dont *L'État en Afrique. La politique du ventre* (Fayard, 1989) est particulièrement éclairant. Plusieurs périodiques présentent des articles spécialisés sur les questions politiques : *Politique africaine*, *Géopolitique africaine* (dont le numéro de janvier 2006 contient l'étude de Hervé Couraye sur les relations entre le Japon et l'Afrique, et celle de Joseph Brunet-Jailly sur la santé, auxquelles nous nous sommes référé). La publication annuelle *L'État du monde* (La Découverte) propose aussi des analyses pertinentes sur l'évolution du continent pendant l'année précédente, en particulier celles de Stephen Smith, et sur la situation dans chaque pays.

Les statistiques économiques et sociales sont fournies par les diverses publications du FMI, de la Banque mondiale, de la Banque africaine de développement. Les thèmes économiques sont nombreux. Bornons-nous aux échanges commerciaux traités sur le plan continental par Hélène d'Almeida-Topor et Monique Lakroum dans *L'Europe et l'Afrique. Un siècle d'échanges économiques* (Armand Colin, 1994), alors que la partie subsaharienne constitue le cadre de l'ouvrage de Hubert Bonin et Michel Cahen, *Négoce blanc en Afrique noire. Évolution du commerce à longue distance en Afrique noire du XVIII*e *au XX*e *siècles* (SFHOM, 2001). Les questions financières méritent une mention avec *La France et l'outre-mer. Un siècle de relations monétaires et financières* (Comité pour l'histoire économique et financière de la France, 1998).

La thèse de Martine Mougin, *L'Afrique à l'école depuis 1945 jusqu'à la fin des années quatre-vingt-dix*, (université Lyon II, 2005) nous apporté des témoignages précieux, en particulier dans les pp. 207-210.

La littérature africaine est abondante en langue française et le choix délicat à opérer. Nous ne citerons que Gaston Kelman, *Je suis noir et je n'aime pas le manioc* (M. Milo, 2004 ; 10 x 18, 2005), et *Au-delà du noir et du blanc* (M. Milo, 2005) parce que ses réflexions concernent directement les idées reçues.

Derniers titres parus dans la même collection

L'Économie, Assen Slim
Les Dinosaures, Éric Buffetaut
Le Diabète, Marc Popelier
Freud, Luc Magnenat
Mozart, Alexandre Dratwicki
L'Allemagne, Béatrice Angand
La Schizophrénie, Bernard Granger & Jean Naudin
Le Désert, Philippe Frey
L'Inde, Pascale Haag & Blandine Ripert
Les Médecins, Bertrand Condat
Le Terrorisme, Arnaud Blin
Les Palestiniens, Aude Signoles
La Grèce antique, Philippe Jockey
L'Islam, 2è éd.,Paul Balta
Jésus, Denis Fricker
Les SDF, Véronique Mougin
La Laïcité, Pierre Kahn
L'Iran, Fariba Adelkhah
La Bible, Roland Meynet
La Sorcellerie, Lionel Obadia
La Mondialisation, 2è éd.,S.Allemand & J.-C. Ruano
La Science-fiction, Stéphane Manfrédo
Le Japon, Philippe Pelletier
Le Développement durable, Assen Slim
Le Bouddhisme, Bernard Faure
Le Moyen Âge, Laure Verdon
La Dépression, Bernard Granger
La Chine, Stéphanie Balme
Les Homosexuels, Gonzague de Larocque
L'Algérie, Georges Morin
Le Pétrole, Gilles Rousselot
Les Jumeaux, Muriel Decamps
L'Intégration, Azouz Begag
La Psychanalyse, Jean-Claude Liaudet
...

Pour connaître la liste complète des titres de la collection :
www.lecavalierbleu.com

Responsable éditorial : Marie-Laurence Dubray.
Remerciements de l'Éditeur à : Hélène Latreille, Lara Ohana, Marie-Laure Nolet.

Imprimé en France en août 2006 sur les presses de l'imprimerie Darantière à Quetigny.

ISBN 2-84670-139-3 / Dépôt légal : septembre 2006.
N° d'impression : 26-1391